大好きな彼に絶対愛される!

掟やぶりのLINE術

広中裕介
Yusuke Hironaka

KADOKAWA

大好きな彼から……
愛されたい
尽くされたい
かまわれたい
女性なら誰でも願うことです。

愛したい
尽くしたい
かまいたい

好きな男性には何でもしてあげたい。

……でもそれ、もしかしたら、あなたの恋愛が
うまくいかない理由かもしれません。

あなたは、今好きな男性がいますか？
あなたは、彼との恋愛がうまくいっていますか？
あなたは、パートナーから愛され続けていますか？

あなたは男性から
愛される価値がある女性です。
愛される女性なのです。

大丈夫！

あなたには僕がいます。
僕は幸せな恋をしている
女性が大好きです。
あなたの恋愛《ストーリー》を
全力で応援します。

だからこそ、幸せが満ちあふれる
LINEのスキルを学んでほしい。
あなたらしい幸せなストーリー恋愛、
今から始めよう!

はじめに

あなたは今、「幸せな恋愛」をしていますか？

はじめまして、僕は恋愛コンサルタントをしている広中裕介といいます。

本書を読んでくださっているあなたは、既に付き合っている相手がいる人、片想いしている人、これから探したい人など、いろいろな状況だと思います。

どんな状況であっても、あなた本人が自分らしくいられる幸せな恋愛をしている（あるいはしたことがある）ことが、僕のいちばんの願いです。

しかし、恋愛をしている女性はたくさんいても、「幸せな恋愛」と胸を張って言える人は、どうも多くはないようです。

これまで僕が恋愛相談を受けた女性は1万人以上。

日本各地で展開している恋愛セミナーでも、のべ3000人を動員してきました。

僕がアドバイスをしてきた女性の状況や悩みはさまざまですが、特に最近多いなと感じているのは、「LINE」でのコミュニケーションに関すること。

特に、多くの人が悩んでいるのが、定番の「既読スルー」への対応です。


「何て返事をすればいいかわからない」

「どんな内容を送れば、好きになってもらえますか?」

「最初のデートのお礼LINEを送った後、2回目のデートに誘われない……」


などの声もよく聞かれます。そこで、LINE上での「恋愛コミュニケーション術」をお伝えするために本書を書きました。内容を簡単に説明しましょう。

Part1の基本編「LINEを武器にできる女になる♪」では、LINEというツールの大前提をはじめ、LINEだけにとどまらない、恋愛や男性に対する基本姿勢をお話しします。LINEを使いこなすためにも、まずは男性とのコミュニケーション方法を見直しましょう。

Part2のスキルアップ編「彼にどんどん愛される女になる♪」では、LINEのやりとりに関する具体的なテクニックを伝授します。「なるほどね〜」と納得できる内容もあれば、「本当にこの通りにして大丈夫!?」と驚く部分もあると思います。

人生も恋愛も実践あるのみです♪　まずはどんどん試してみてください。

Part3の実践・応用編「ブラックメールを書かない女になる♪」では、実際のLINEの画面をイメージし、ブラックメールを掲載&NGポイントと改善点を解説していきます。付録のような感覚で、第1・2部の内容をおさらいできます。

実際にあなたが彼にLINEを送る際にも、すぐに参考にしてもらえると思います。


さあ、まもなく本編の始まりです。あなたの恋愛がうまくいかないのは、「うまくいかない方法」を信じ、せっせと使っているからです。ひと昔前の恋愛の価値観では、今の恋愛・婚活市場を幸せに生き抜くことは難しいのです。

本書を読んで、大好きな彼をトリコにするLINE術を学び、幸せな恋愛を楽しんでくださいね!

Contents

Part 2

スキルアップ編

彼にどんどん愛される女になる♪

Part 3 実践・応用編

ブラックメールを書かない女になる♪

編集協力　村上杏菜
宮内あすか
ブックデザイン　原田恵都子（Harada＋Harada）
本文写真　Shutterstock.com

Part 1 基本編

LINEを武器にする女になる♪

感情は文字では伝わらない。

恋愛も文字では進められない。

でも、文字を使いこなせば、

恋愛のきっかけができる。

レッスン1 あなたのLINEが下手なことを知ろう

「このあいだ知り合った彼のことが、ちょっと気になっています。どんなLINEを送ればいいですか？」

こんな風に相談されて、LINEの下書きを見せてもらうことがよくあります。

スマホを見ていつも僕が思うこと、それは……。

「こんなLINEを送っていたら、うまくいくわけがないよ～！」

細かいポイントは、これから本書の中で詳しく説明していきます。

まずお伝えしておきたいのは、「重い」「面倒」「うっとうしい」「つまらない」という印象を抱かせてしまうと、恋愛はうまく進んでいかないということ。

アドバイス通りに内容を少し変えて送ってもらうと、

『「二人でご飯食べに行きませんか』って誘われちゃった～♡」

と嬉しい報告をしてくれる女性になれます。実際、そうした声を多く頂いており、中には最終的に「結婚することになりました！」という人も。

そんな時、僕はこの仕事をしていて本当に良かった、と心から思います。

大げさな言い方かもしれませんが、LINEの使い方や送る内容、あなた自身の意識を少し方向転換させるだけで、恋愛が大きく変わる可能性があるのです。

あなたのLINE、破滅的に下手なポイントはありませんか？

彼から返信が来ない、既読スルーされる、誰にでも身に覚えがありますよね。

致命的にダメなポイントがあっても、本書のアドバイスを理解して実践していけば大丈夫です！

RULE

本書を全部読んでからLINEをすること。

レッスン2 LINEで本当の気持ちは伝わらない

多くの女性が間違えていることがあります。

LINEは、あなたの気持ちをぜんぶ共有する場ではありません。

では、いったい何のためのものでしょうか？


LINEは、「事実や情報を伝達するためのツール」です。

あなたの恋愛を活かすために、あなたが使う〝道具〟なのです。

LINEに自身を投影しすぎて、自分が「LINEそのもの」みたいに同化してしまっている女性をよくお見かけします。

リアルとバーチャルの境目が、本人の中でわからなくなっているのかもしれません。

要するに、LINEは「使うもの」という認識が欠けてきているように、僕には感じられるのです。

手軽に連絡を取り合う手段として。

デートの日時を決めるやりとりをするために。

待ち合わせですれちがってしまわないように。


LINEは「使うもの」です。

道具です。ツールです。手段です。

LINEを利用するのはあなたであって、振り回されるためのものではありません。

振り回されてしまうのは、感情とあなた自身をLINEにのせようとするから。

特に恋愛の初期においては、LINEで気持ちや感情を、相手に共有することは限りなく難しいのです。

「あなたも同じ気持ちだよね？」の姿勢で詰め寄ってしまうと、ろくなことがありません。

LINEは基本、「情報」「事実」を共有するものと覚えておきましょう。

RULE
LINE依存から抜け出そう。

レッスン3　LINEで気持ちを伝えるのは別れを決めた時

ＬＩＮＥで感情や気持ちは共有できないと聞くと、「なんだか寂しい」と思う人もいるかもしれませんね。

気持ちの共有は、会っているその〝場〟でしましょう。

これだけオンラインが発達している時代ですから、ＬＩＮＥやＳＮＳで感情の共有ができる気がしてしまうのも、たしかに不思議ではありません。

でも、できないのです。これが真実です。

それを「できるような気」がしてしまうのが、恋愛のスタートラインにも立てないようなＬＩＮＥを送ってしまう原因。

ＬＩＮＥに自分を投影しすぎると、「こんなことを送って大丈夫かな？」「こんな言い方にした方がいいかな？」などと考え込んでしまいます。

このような時は、本当の自分よりＬＩＮＥの優先順位を高くしてしまっている時。

既読スルーが気になったり、彼とのコミュニケーションに齟齬が生じたりします。

「LINEで本当の気持ちは伝わるわけがない」

この姿勢でいれば、LINEの使用目的を間違えないで済みます。

もちろん、時には例外もあります。

それは、「相手も同じ気持ちでいる」と確信している時です。

両想いのラブラブ♡な時や、相手が先に感情を出してきて、それに同意する時など。

そのような時は、コミュニケーションにズレが生じにくいので多少は気持ちを共有してもOKです。

そしてもう一つの例外は、別れを決めた時。

本当に別れを決意しているのであれば、ぐだぐだと話をしても仕方がありませんから、「本当の気持ちなんか伝わらない」「情報を共有するため」のLINEは、伝達手段として、むしろ優秀かもしれません。

RULE

別れてもいいと思う覚悟があるか、どうか。

レッスン４
ＬＩＮＥをうまく使うための大原則♪

ＬＩＮＥはツール、道具、とは言っても、「うーん、何て送ろうかな……」と迷ってしまうタイミングが、きっとあるでしょう。
そんな時には、次の３原則を思い出してください。

♪ＬＩＮＥの３原則♪
・迷ったら、とりあえず寝かす（すぐ返信しない）
・何を返していいかわからなくなったら、とりあえず寝かす
・送る必要がないと感じたら、とりあえず寝かす

３つとも結論は、全部「とりあえず寝かす」です（笑）。
でも、これができていない人、本当にすごく多いのです。

「悪いかな〜」と思って無理に言葉を紡いでみたり、返信してみたり……。

きっと、みなさん、とっても「良い人」なんでしょうね。

でも、自分より他人を大事にしすぎたり優先しすぎると、「自分」がどんどん疲弊して、なくなってしまいますよ。


人が悩む時は、たいてい何かを「しすぎている」時です。

「何をやめるか？」、「何を捨てるか？」を考えた方が、良い方向に進むことが多いのです。

この3原則は、気になる彼やお付き合いしている男性、パートナーなどの「あなたが大切にしている人」だけではなく、男女関係なくすべての人間関係に適用してみてください。

頑張りすぎなくていいのです。

迷ったら「とりあえず寝かす」という気楽な気持ちでいきましょう。

RULE
返信しないように、いっそベッドに入って寝よう。

レッスン5
長文は「読めない」

「手紙」みたいなＬＩＮＥを送っていませんか？

季節のご挨拶から始まり、こちらの簡単（むしろ詳細？）な近況、そして相手の近況を尋ね、締めくくりは相手の体調を気遣う言葉の数々……。

「本題はどこですか〜？」と突っ込みたくなるような長いＬＩＮＥを送る女性は決して少なくありません。

声を大にして、お伝えしておきます。

縦スクロールぎっしりの長文はみんな読めないです。

いいえ、読みたくないです。


僕は、女性から長いLINEをもらったら最後の2行しか読みません（笑）。

でもだいたい、そこに要点が書いてあります。

それで「わかった」「〜したらいいよ」「よかったね」なんて簡潔に返すと、「冷たい！」と言われることもあるので困ってしまいます。

でも男から言わせてもらうと、「うっ」となるような長文ぎっしりのLINEを送られてくる気持ちもわかってほしい……。

長〜いLINEを送りそうになったら、いったん相手の気持ちを想像してみましょう。

「読みづらくないかな？」
「目がしょぼしょぼしないかな？」
「何が言いたいかが、わからなくなってないかな？」

そこまで想像できれば、改行を加えたり、余計な情報はカットしたり、2〜3行ずつ何回かに分けて送ったりなど、いろいろ工夫ができると思います。

長文はみんな読めません！　肝に銘じておきましょう。

RULE
読んでくれない可能性があるなら一言で！

レッスン6
スタンプはただのスタンプ

「彼がスタンプばかり送ってきます。私のこと、本気で好きなのでしょうか？」

「『スタンプ1個返しはその気がない』って、本当でしょうか？」


このようなことが気になる人は、スタンプに何かものすごい意味を見出そうとしているのでしょう。

「このスタンプと使い方には、いったいどんな意味が……？」と真剣になりすぎてしまうのが、妙な悩みを抱える原因だと思います。

スタンプは、ただのスタンプ。ＬＩＮＥと同様にスタンプも「ツール」。ＬＩＮＥを楽しむためのただのアイテムです。

「スタンプ1個返しがどうしてそんなに気になるの？」と一度、自分に問いかけてみてください。

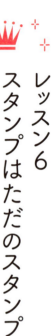

「大切にされていないような気がする」
「どうでもいいと思われている気がする」

……などの気持ちが出てくるかもしれません。
「大切な彼にはラブラブな内容を♡　どうでもいい人にはスタンプ1個で」などと本人が使い分けをしている場合は、自分のルールを相手からのLINEにも適用して考えてしまいます。

おすすめは「LINEの3原則」と同様、すべての人間関係で「スタンプ1個返し」を気軽にしてみること。スタンプに深い意味はないのだなと実感できれば、いちいち振り回されなくなるでしょう。

ちなみにスタンプ連打をしてくる彼は、きっと新しいスタンプを試してみたくて仕方がないだけ。

携帯を持ちたてのおじいちゃんと一緒です（笑）。

RULE
スタンプは気軽に使おう！

レッスン7 「片想いで……」と言わない

ＬＩＮＥで長文を送ったり、しんどいやりとりをしたりしてしまう女性がいます。

それが、「片想いをしていて……」と話す女性。

こんな人は、謙虚な性格なのかもしれません。

たとえば２年も３年も５年も、あるいはいつも片想いで終わってしまう人は要注意。

その「私の片想いにすぎなくて……」という姿勢や考え方が、片想いに終わってしまう現実を叶えてしまっているのかもしれません。そして、その姿勢、必ずLINEにも現れるのです！

無意識のうちに、

「片想いの人はこう振る舞うはず」

「片想いの人はこんな言い方をするはず」

と思い込み、その通りに行動していませんか？

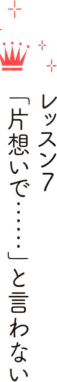

彼の前ではうまく喋れない、緊張してしまう……。

それは、「片想いの私」に甘んじているからです。

うまく話せなくて当たり前。だって片想いだから。自分らしく振る舞えなくて当たり前。だって片想いだから。冷たくされて当たり前。だって片想いだから。振られて当たり前。だって片想いだから。


「片想いの私」という受け身でいれば、傷つくことも少ないでしょう。

でも、本当にそれで幸せですか？ そもそも「片想い」って、誰が決めたのですか？


あなたの勘違いかもしれませんし、「片想いの私」スタイルで振る舞う女性は、男性にとって魅力的とは言い難いです。

だから、「私、好きな人がいるの」と堂々と宣言できる女性になりましょう。

それだけで、ＬＩＮＥでの発信も魅力的な中身に変わります！

RULE

相手がどんな男性でも、好きでいい。

レッスン8 恋愛の主導権はすべて私にある♪

片想いばかりの女性や、付き合っていても関係がうまくいっていない女性のほとんどは、頭の中が「彼１００％」です。


「彼は今、何をしているのだろう」

「彼はどう思っているのかしら」

「彼はどうしたいのかな？」


……など、主語が全部、「彼」。

こうなると、「私はどうしたいのか、私は何がしたいのか、私はどう思っているのか」がすっぽり抜け落ち、焦りに変わります。

その焦りこそが、ＬＩＮＥにすべて表れ、辛い結果を招くことにもなるのです。

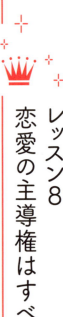

人は、頭の中に常にあることに興味関心・好意を持ちやすい傾向があります。

そのため、ますます彼のことが大好きになる一方で、自分のことはあまり大切に思えなくなっていってしまいます。

「既読スルー」を生む原因は、こういったサイクルも関係しています。

あなたのすべての思考や行動を彼主体の考え方で始めてしまうと、「あなた、私のことを好きになってくれますか？」という恋愛の形になります。

これは、恋愛の主導権が相手にある状態です。

付き合うか付き合わないかも彼次第、デートするかしないかも彼次第、別れるか別れないかも彼次第。

LINEを送る時にもう一度、自分の頭を整理してみてください。

彼をあなたの頭の中に住まわせるのではなく、むしろあなたが彼の頭の中に住むようになりましょう。

そのためにも、恋愛の主導権は「私」が持つのです。

RULE
わがままな女性が男性から愛される！

レッスン9 「言い切って♪（るん）」の魔法

LINEと恋愛の主導権を一気に取り戻す方法があります。

それは「言い切って♪（るん）」。

たとえば、彼に部屋まで会いに来てほしい時、

「今すぐ部屋に来てくれる？」ではなくて、

「今すぐ部屋に来て♪」と言い切るのです。


ポイントは、語尾の明る〜い感じ。

LINEで文字にする時は「♪」でも「♡」でも「😀（絵文字）」でも、「♪（るん）」の雰囲気が伝われば何でも大丈夫です。

「言い切って♪（るん）」のすごいところは、「私の話をしましょう」というスタンス

に簡単に戻ることができる点です。

「今すぐ部屋に来てくれる?」だと、相手にお伺いを立てるところがスタートですよね。相手の話になってしまうのです。

そうではなくて、あなたが「どうしてほしいか」で話を始めてほしいのです。

いつも相手のことばかりを思いやってきた女性には、最初は少し難しいかもしれません。

言い切るためには自分が「どうしてほしいか」を自覚しないといけません。

これからは、ちゃんと自分の気持ちを考えられるようになります。

このような言われ方をした男性は、「可愛く甘えられている・頼られている」と感じます。

男性がお願いごとを聞いてくれる確率が一気に上昇しますよ!

「言い切って♪(るん)」、徹底してくださいね。

RULE
命令じゃなくて、言い切りの「お願い」を!

レッスン10 「私はどうしたいのだろう？」と考える

「どうして彼は冷たいのだろう？」

「どうして彼は話を聞いてくれないのだろう？」


ＬＩＮＥのやりとりの中で、こう思う状況に出あうかもしれません。

でも、このような悩みの先に「答え」はありません。それでも考えずにいられないのが恋する乙女でしょうから、そのような場合は次のように言い換えて考えてください。

「彼は冷たい。じゃあ、私はどうしたいのだろう？」

「彼は話を聞いてくれない。じゃあ、私はどうしたいのだろう？」

まったく同じ内容ですが、主導権は「私」に戻ってきています。すると、

「じゃあ、『冷たくしないで』って言ってみようかな」

「愚痴りたいだけだから、他の人に話そうかな」

と、**悩みが悩みでなくなって恋が前進します。**

「どうして」「なんで」と考える時は、「どうせ」と思っているケースがほとんど。

「どうして彼は冷たいのだろう？」→「どうせ彼は冷たい」

「どうして彼は話を聞いてくれないのだろう？」→「どうせ彼は話を聞いてくれない」

どうでしょう？　心当たりはありませんか？　無意識のうちに「冷たさ」や「話を聞いてくれない様子」を期待したり信じたりしてしまっているのです。

このような姿勢でいれば、思い込み通りの現実ばかりが目の前に現れたとしても、何の不思議もありません。頭の中で思い描いていることは自然と目につきやすかったり、気づきやすかったりするからです。

答えのない「どうして」「なんで」を追求しそうになったら、LINEで思いのたけを送る前に「私はどうしたいのだろう？」と考えるようにしましょう！

RULE
思い込みと妄想は恋愛には厳禁！

レッスン11　どこにいても誰といても「私」であればいい♪

優しくて生真面目で思いやりのある女性ほど、頑張り屋さんが多いですね。

そして「頑張る」を向ける先を間違えている女性も多いです。

僕が思う「頑張ってほしいポイント」は、「どこにいても誰といても『私』であること」。


「無理に」笑っていませんか？

「無理に」ＬＩＮＥしていませんか？

「無理に」聞こうとしていませんか？

「無理に」楽しもうとしていませんか？


これが積もり積もると「私」がなくなるし、「私」がわからなくなる。

当然のことです。抽象的な言い方ですが、自分で「自分」を見つけてあげましょう。

本当のあなたは、どこにいるの？

本当のあなたは、どうしたいの？


気になる彼に限らず、人間関係すべてにおいて「好かれそうな人」「いい人と思われそうな人」になろうとしている女性、すごく多いのです。

そう振る舞ってしまうのはきっと、〝居場所〟が欲しいから。

居場所は、自分で見つけましょう。

自分で自分をしっかり観察しましょう。自分を見てあげましょう。

自分の顔は鏡を見ない限り見えないので、意外と「自分」を意識し続けるのは難しいかもしれません。

1日に1回でもいいので、「あ〜、私、いるな」「私、こう感じているな」と、自分で自分を見てあげましょう。

RULE
今日から八方美人とはさようなら。

レッスン12 私に失礼なことが相手にもいちばん失礼

「彼に迷惑をかけたくない」

「彼に嫌な思いをさせたくない」


そのような気持ちが強すぎて、「私」をなくして彼優先の思考・行動に走る女性は、一見、優しく控えめで思いやりがあるようにも思えます。

そして、その姿勢は、LINEにも、しっかり現れます。

でも僕は思うのです。

相手のことばかり考えているその姿勢こそ、相手に失礼ではないかと。

自分の気持ちを無視して相手ばかり優先するのは、「いい子ぶっている」以外の何者でもありません。

それって、見方を変えれば「こうすればあなたは満足でしょう?」と相手の器を勝手に決めていることだとも思うのです。それが相手にも伝われば、イラッとされてしまうのも不思議ではありません。

真の意味で相手に失礼でないようにするには、どうすればいいのでしょうか？

それは、『私』に失礼じゃないかどうか」を考えて行動すればよいだけ。


あなたが相手に何を言いたくて、どうしたくて、どうしてほしいのか。

あなたが我慢していないか、遠慮していないか。


自分の行動が、自分に対して失礼じゃないかどうかを考えればいいのです。

相手に対して本当に失礼でない姿勢とは、〝対等〟であること。相手も自分も対等な立場で、お互いに自分の意見を言い合える関係がお互いに失礼を生まない。

だから、まずはあなた自身が自分に失礼なことをしていないか、『私』に失礼じゃないかな？」と常に振り返るクセ、身につけてみてください。

RULE
いい子ぶっているのが可愛いのは高校生まで。

レッスン13 人生を進めれば恋愛も進む

自分の人生をちゃんと歩めれば、恋愛も一緒に進みます。

逆に言えば、恋愛が進まない・ＬＩＮＥで会話も盛り上がらない！　という時は、人生もうまく進んでいない状態なのです。

人生の中に恋愛が含まれているからかもしれません。

人生と恋愛は同時に進むようにできていて、恋愛で悩んでいる人は、仕事かプライベートか、人生における別の問題を抱えていることがほとんどです。

「もう一つの問題を解決してみたら、恋愛の悩みも解決した」「既読スルーもなくなった」こんな話は本当によく聞きます。

では、「自分の人生をちゃんと進める」とはどういうことでしょうか？

自分で自分を幸せな方向へ持っていってあげている実感が、あるかどうかだと思います。つまり「ご自愛」ですね。

こんなことを言うと怒られてしまうかもしれませんが、恋愛で悩んでいる人は、暇なのだろう、と思います。

人生で他にやることがないから、「わざわざ恋愛で問題を発生」させているのです。

「本当は行きたい所、なかったかな？」
「本当はやってみたいこと、なかったかな？」
「本当は就きたい仕事、なかったかな？」

LINEのやりとりが滞ったり、恋愛でにっちもさっちもいかなくなった時は、自分に問いかけてみましょう。

大事なことに向き合う勇気がないから、恋愛の悩みでごまかしているだけかも……。

自分を〝知っていく〟ことで、人生も恋愛も一緒にうまく進んでいきますよ。

RULE
「ご自愛に」忙しい女性はカッコいい！

レッスン14 お互いが前を向いた時に、幸せな恋が始まる

とっても大切なことをお伝えします。

いつの時代も男性は、好きな女性が笑ってくれていたら、それで幸せなのです。

現代は、昔に比べて女性の働き方が大きく変わっています。

それにともない男女の幸せの形や価値観も、おそろしく多様化しています。

現代の男性にとって、仕事に生き、ひたすらお金を稼いでくることは、女性を幸せにすることと直結しなくなってしまいました。

だから、女性が幸せそうにしていない場合、男性はどうしていいのかわかりません。

現代の女性は「男性に幸せにしてもらおう」と思う前に、自分で自分の人生を生きる必要があるのです。

男女がお互いに自分自身の人生に夢中でいる状態を「両片想い」と僕は呼んでいます。

視線が前を向いていて、お互いを見ていないからです。

そしてこの、お互いに前を向いている「両片想い」こそ、幸せな恋を始められる条件であり、LINEコミュニケーションも幸せに満ちあふれたものになると信じています。

女性が前を向き、自分の人生に夢中になっていれば、自然と幸せに満ちあふれ、周囲にまで幸せのオーラが広がります。そのあふれてきた幸せに男性は興味をひかれ、恋に落ちるのです。

「女性は男性から愛情を注がれることで恋に落ちる生き物」

ここで初めて「両想い」が成立します。

女性ばかりが男性の方を見ていてはだめ。

幸せな恋は、お互いに前を向いていてこそ、始められるものなのです。

あなたは、幸せな恋をしていますか？

あなたの彼は、幸せな恋をしていますか？

RULE

お母さんの時代の恋愛とは違う！

レッスン15
いい男は「あなたの中」にいる

お姫様のように大切に可愛がってくれ、LINEでも幸せなやりとりができる理想の「いい男」と、どうすれば出会うことができると思いますか？

実は、いい男はあなたの中にいます！

でも、まだ「いい男」に育ちきっていない「少年」「お子様」かもしれません。というのも、あなたの中の「男性性」を育てれば、現実の世界の男性たちも同じように育つのです。

一人の人間の中には「女性性」と「男性性」が同居しています。

「女性性」は感じること、「男性性」はそれを表現するのが役割です。

わかりやすく言うと、「お手洗いに行きたい！」と感じるのが「女性性」。「お手洗いに行きたいです」と発言させ、さらに「お手洗いに行く」という行動に移らせるのが

「男性性」です。

面白いことに、あなたの中の「男性性」のレベルと、リアルの世界にいる男性たちのレベルは一致します。

LINEでのやりとりにも疲れ、「私の周りにはいい男がいない！」とあなたが思っているとしたら、実はあなたの中の「男性性」のレベルが低いのかもしれません。

「男性性」を成長させるには、あなたの中の「女性性」が感じたことを実際にどんどん口に出し、行動し、叶えてあげましょう。

「これ欲しいな～♪」と思った時に「でも、お金がもったいないから」と諦めてしまったり、「これが食べたいな♪」と思っているのに相手に合わせて別のものを食べたりすると、「男性性」のレベルはいつまでたっても上がりません。

「女性性」が感じたことを「男性性」で叶えてあげるのは、「ご自愛」するということ。

これがLINEで悲しむことなく、「いい男」たちと出会えるポイントなのです。

RULE
行動することが何より大事！

レッスン16
自分に「させてあげる」という第三者視点

「自分に自信がありません」というのは、自分を「幸せにできている」実感がないということだと思います。そこには自分に「させてあげる」という許しにも似た許可が欠けているように思います。

自分がしたいことを「させてあげる」という第三者視点は、あなたの中にいる「いい男」がさらに進化したバージョンとも言えるかもしれません。

ＬＩＮＥストレスもなく、リアルで「いい男」というのは、あなたがしたいことを全部させてくれて、行きたい所には全部連れて行ってくれるだけではありません。

あなた自身の成長やより良い人生を送るために、あえて大変な方向に進ませることもきっとあるでしょう。

たとえば仕事で任された、ちょっと難易度の高いプロジェクト。

職場ではいいアイデアが浮かばなくて、家でもノートを広げて一人ブレーンストーミングしていたとしましょう。

夜も更けてきて、あなたは「ああ、眠たいなあ」と思うかもしれません。

その時に、「じゃあ、寝たら?」と言うか、「もうちょっと頑張ってみたら? 大事なチャンスなのでしょう?」と言うか。

それが「甘甘の王子様」か「真のいい男」かの違いです。

「私がどうしたいか」という視点ももちろん大切です。でも「自分にどうさせてあげたいか?」「何を選ばせてあげたいか?」という第三者視点を持つことも、「女性性」と「男性性」のバランスにおける重要なポイントだと思います。

あなたが頑張るべきポイントできちんと、〝頑張らせてあげられる〟「男性性」を育てましょう。

そんな「男性性」を持つ女性の周りには、頼りがいがあり、なおかつあなたの成長を心から応援してくれる「真のいい男」たちであふれるはずです！

RULE
頑張る女性はもっとカッコいい！

レッスン17 「寂しい」という幻

「彼が忙しくてなかなか会えず、寂しいです」
「LINEも電話もあまりしてくれなくて、寂しいです」

と話す女性には、「『寂しい』をしっかり感じてください」と伝えています。
みんな少し誤解しているようです。彼は「きっかけ」を提供しているだけであって、
「寂しさ」は一人でいても二人でいても、ずっと存在しているのです。
僕もつい最近まで、ずっと思っていました。
愛し愛される運命の人に出会えれば、寂しさはなくなるものだと。
でも、それは勘違いでした。寂しさは、終わらないのです。
「寂しい」という感覚は、本当は人としてとっても大切なものだった。
「寂しい」があるから、誰かと繋がりたくなるし、一緒に居られる幸せもかみしめら

れる。

寂しさを相手に埋めてもらおうとすると、関係性がおかしくなります。

LINEのやりとりがうまくいかず、ストレスを抱えることになるのです。

「寂しい」ときちんと感じて自分の中で完了させると、寂しさが消えたかのように気にならなくなります。

だから、あなたが今「寂しい」と感じているとすれば、実はまだきちんと寂しさを感じ切っていないということ。

それを僕は「寂しさが迫ってきている状態」と表現しています。

そんな時には、「寂しい！　寂しい！　寂しい！　寂しい！　……（以下略）」と、千回くらい一人で声に出して言ってみてください。

スッキリしちゃうと思います（笑）。

「寂しさは感じていいのだ」「寂しさはなくならないのだ」と思えることが、寂しさや不安と仲良くなるコツです。

RULE
残念ながら人は一生寂しさからは逃れられない。

レッスン18 「してほしいこと」は相手ではなく自分にしてあげよう

まだモヤモヤする人は、実は「私は寂しい」が本音ではないかもしれません。


「彼に、ＬＩＮＥで『会いたい』って言ってほしい」

「彼に、『会えなくて寂しい』って思ってほしい」


これが本音ではないでしょうか。彼に「君がほしい」「君が必要だ」と言ってほしいから、彼に「寂しい」と言っているのです。

でも、あなたが彼に言ってほしい言葉なら、あなたが彼に〝あげて〟しまってはいけません。

あなたが「ほしい」言葉や行動を、〝あげて〟はいけない。〝あげる〟のであれば、まずは自分で自分にあげましょう。

あなたが彼に「してもらって」嬉しいことは何ですか？

それを、わざわざ相手にしてあげなくてもいいのです。すればするほど苦しくなること、枯渇することは、してあげなくていいのです。するのなら、自分にしてあげましょう。

あなたがしてほしいことを相手にしてあげることで、男性が愛情を感じることはありません。男女の愛情を感じるポイントは違うのです。

「寂しい」と言ってほしいのなら、相手に「寂しい」と言うのではなくて、あなたが自分で自分の寂しさを肯定しましょう。

お金を出してほしいのなら、相手からお金をもらう必要はなくて、あなたが自分にお金を使えばいいのです。

褒めてほしいのなら、相手を褒めなくていいので、自分を褒めてあげましょう。

まずは自分に与えましょう。

満たされてこそ、あふれて、相手にも自然と行き渡るのですから。

RULE

与えるのは自分にだけ！

レッスン19 彼を待つなら、幸せな状態で

「仕事が落ち着くまで」

「前の彼女（奥さん）との問題が落ち着くまで」

「身内のゴタゴタが落ち着くまで」


このような理由で「待っていてね」と言われる女性が後をたちません。

これを僕は「男性の『待っててね』問題」と呼んでいます（笑）。

「待つ」って、けっこう難しいですよね。こう言われた女性は、彼を待っている間も気が気じゃないかもしれません。

「男性の『待っててね』問題」は、女性の待ち方がその後の命運を分けます。

男性の言う「待っていて」は、ほとんどの場合、「家でじーーーっと俺の帰りを待っていて」ではありません。

正しく直訳すると、「俺がいなくても、幸せに生きていてね」です。

男性が「待っていてね」と言う時は、イコール「余裕がない時」です。

要するに「あなたに応えること」、「あなたを幸せにすることに労力を費やすこと」が難しいという意味です。


さて、あなたは何をしましょうか？

「寂しい」「かまってほしい」「苦しい」など、いろいろ感じると思います。

「それでも彼がいい」、そう思うのなら、あなたが幸せでいられる状態で待ちましょう。

あなたは、あなたに何を「させて」あげましょうか？

そんな状況も、そんな彼を待つことを決めたのも、あなたです。

あなたの幸せを決めるのは「あなた」です。

さあ、何をして、楽しく待ちましょうか？

RULE
常識や倫理は関係ない！ あなたが幸せであればいい！

レッスン20　「好かれない」ことに愛情を感じている自分に気づく

恋愛とは、自分を知って成長していくものであり、糧にするものです。

相手を「好き」になっているように思えて、心理の深い部分では実は「相手を通じて自分のことを強烈に好きになる」という働きがあるのです。

なのに、相手から「好かれない」ことに愛情を感じてしまっている女性がいます。「もっとこうした方がいいのではないか」と努力をすることに愛情を感じてしまっているような、「無いからほしい」ような、説明しにくい変な感じです。

これは、「自分が何に愛情を感じるのか」、逆に言えば「どうして愛情を感じていなかったのか」を〝知らない〟ことで起こります。

「自分さえ我慢すれば・遠慮すれば」と、自分だけ頑張る方向へエネルギーを向け続けているのです。

自分しか信じておらず、自分のことしか考えていないから、相手のことはわかりません。わからないから、強引に相手の気持ちを「変える」ことに必死です。

でも、相手の気持ちが変わった瞬間にこの恋は冷めてしまいます。独り相撲ですね。

あなたがするべきなのは「我慢」「遠慮」を頑張ることじゃなくて、「(私にとって)大切にされるとは?」「(私にとって)好かれるとは?」「(私にとって)愛されるとは?」を、自分と対話しながら知っていくこと。

愛情が「無いからほしい」、愛されて「ないからほしい」、こういう時は頑張りすぎなのです。

まずは「助けてほしい(ほしかった)」「好きになってほしい(ほしかった)」「愛してほしい(ほしかった)」と誰かに言ってみましょう。

本当は「愛されていると感じなかった」、本当は全然「大丈夫じゃなかった」と、告白しましょう。

「好かれない」「愛されない」ことに、愛情を感じなくていいのです。

RULE
私を愛してくれない男性はいらない!

レッスン21 愛する人を間違えない

「好かれない」ことに愛情を感じている女性は、好きになるべき相手を間違えています。

男性は与えたい生き物です。

つまりあなたがどれだけ願っても愛情を与えてくれない男性は、そもそもあなたが好きになるべき相手ではないのです。

あなたの「重さ」が彼を遠ざけているのでしょうか？

あるいは、そもそも相性が合わないのでしょうか？

それを見極めるには、「言い切って♪（るん）」すればＯＫ。

いくらあなたの運命の王子様だとしても、男性にも行動の拒否権はありますから

「NO」と言われることはあります。

でも、一事が万事、すべてに「NO」の男性。

残念ながら、あなたを大切にしてくれる王子様ではありません。

平たく言えば、まあ、脈がないのです。

ここまでハッキリ脈がないとわかったら、彼に固執する理由はもはやありません。


それでも諦められない時はどうすればいいでしょうか?

それならどうぞ、ご自由に。

気がすむまで、追いまくって、すっきりすればいいと思います。

それも大切ですね。

でも、心からちゃんと「言い切って♪（るん）」ができていれば、あなたを大切にしてくれる男性が彼じゃないこと、そして誰なのか、うすうす気づいていると思いますけどね♪

RULE
失恋するまで頑張ることも時には必要！

レッスン22
「愛そう」としなくてもいい

「婚活サイトで知り合った人と初デートしてみたのですが、なんだかあまり話すことがなくて……」

婚活疲れ、恋活疲れ、合コン疲れ、すべてに言えることです。

何をそんなに頑張って仲良くなろうとしているの？
何をそんなに頑張ってＬＩＮＥを送ろうとしているの？
何をそんなに頑張って好きになろうとしているの？
何をそんなに頑張って恋愛しようとしているの？
何をそんなに必死に相手を愛そうとしているの？

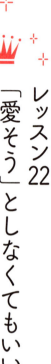

そもそもそんな相手、そんなに好きではないのですよ。

そもそもその相手のこと、そんなに興味なんかないのですよ。

無理しなくていいのです！（笑）

「私、無理してないかな？ 我慢してないかな？」と意識して人と接していた方が、よほど人間関係はうまくいきます。

「無理しているから、直そう」ではなくて「私、無理しているな」と気づくだけでよいのです。

日常の中で、頑張っている自分、無理している自分、遠慮している自分に少しずつ気づいていくことで、いつのまにか「恋愛している自分」にも気づきます。

愛せる相手を探さなくても、自分を探しているうちに、勝手に愛せる男性に出会います。出会ってしまいます。愛してしまいます。

探さなくても、運命の人とは、勝手に出会うし、勝手に恋に落ちてしまいますから。

僕の実体験からも、断言します。

RULE

運命の人は探さないで！

レッスン23
LINEで魅力アピールは不要

LINEで男性にアピールする必要はありません。

アピールは「する」ものではなく、男性に「してもらう」ものです。

「気になる彼に本命として意識してほしいのに、アピールしなくていいの？」

はい、必要ありません。

なぜなら、男性は女性の「できる」とか「すごい」ことに対して魅力を感じることはあっても、「恋する」「好きになる」ことはあまりないからです。

「あなたのことをどれほど大切に思っているか」という気持ちや感情を、無意識のうちにLINEで伝えようとする女性も多いですが、それも不要です。

男性は相手に「好かれているから」「大切に思ってくれているから」という理由で恋愛感情を抱くことはほとんどありません。

それよりもむしろ男性を張り切らせる方向、男性からアピールさせる方向に持って行ってください。


「朝起きたら出社時間で死ぬかと思った（笑）♪」

「今日暑すぎてアイスを5個も食べちゃった～体重計を捨てようっと（笑）♪」

「喋るのが苦手で友達にも『何言っているのかわからない』って言われる（笑）」


……など、あなたのダメなところ、ドジなところを「さらす」イメージです。

普段あなたが隠している「弱いところ」「ブラックな部分」を出せば、男性の方から勝手にアピールしてきます。

あなたのステキな魅力は、「出そう」「伝えよう」「わかってもらおう」としなくても自然に伝わってしまうものです。

それを自分で邪魔しないだけでOKです。

RULE
あなたのウィークポイントは魅力的！

レッスン24
マミースタイルの呪い

「男と女」ではなく「息子とママ」になろうとしている女性を多く見かけます。

彼とのＬＩＮＥに「無理しないでね」「大丈夫?」「無事着いたかな?」「ゆっくり休んでね」「あなたはどう思うの?」などのワードを多用する女性。

ちょっと、男性を可愛がりすぎではありませんか?


マミースタイルで男性を愛しても、あなたが愛されることはありません。

男性は女性に尽くされたことをその場ではありがたく思っても、覚えていることはまったくと言っていいほどありません。

逆なのです。

男性は、自分が「尽くした」「優しくした」「気遣った」女性に愛情を感じます。

「行動してくれた女性」ではなくて、「愛のある行動をさせてくれた女性」に愛情を感じるのです。感謝の念すら抱きます。

彼は、あなたに尽くせば尽くすほど愛情を感じていきます。

あなたは、愛のある行動を彼に促せば促すほど愛されるのです。

これがうまくできていないと「なんか私、お母さんみたい？」と女性が違和感を持つか、彼のあなたへの扱いがどんどん雑になっていくかになります。


男性に「尽くして」もあなたが尽くされることはありません。

男性に「優しくして」もあなたが優しくされることはありません。

男性を「気遣って」もあなたが気遣われることはありません。


あなたがしてほしいことは自分に向けましょう。

「好き・愛している」（ように見える）マミースタイルの〝呪い〟を男性に送るのはやめておきましょうね。

RULE
ママになったら、都合のいい女決定。

レッスン25
男性を「可愛がる」と「可哀想がる」の違い

大事なプレゼンや試験を控えている。

職場で悩みを抱えている。

そんな彼を「可哀想」と、やたらと心配する女性がいます。そして、それをLINEですぐに伝えてしまう人も……。


彼が自分の人生を悩むのは悪いことでしょうか？

彼がストレスを感じるのは悪いことでしょうか？

彼が緊張するのは悪いことでしょうか？


「彼」を「子ども」に替えてみてください。

あら不思議、子育てに悩むお母さんへのアドバイスみたいになってきました。

そう、彼のことを「過剰に」心配するのはマミースタイルそのものです！

彼の緊張やストレスを取り除いてあげようとする姿勢を、愛情表現と思っているとしたら、それは単なる「子ども扱い」です。

彼の「体験」を奪ってはいけません。自由にさせる、束縛しないとはそういうこと。


「行ってらっしゃい♪」と笑えばいいのです。

「おかえり♪」と笑えばいいのです。


それで悩む暇があったら、美味しい料理でも作ってあげてください。

言葉でどうしていいかわからないのなら、身体で、全身を使って表現しましょう。

男性を知ってその性質を「可愛いなあ」と思うのと、「可哀想に」と何でもかんでもやってあげることはまったく違います。

正しく男性を「可愛がって」あげましょう。

RULE
男性にはニコっと笑うだけでいい。

レッスン26 男性は女性の物語の続きが気になる

ただなんとなく自分の今の気持ちや状況を相手に伝えておきたい時、女性なら誰にでもあると思います。

「仕事を辞めたい」、「腰が痛くて」などを彼に話したりＬＩＮＥしたりしていると、だんだんと彼が不機嫌に……。「不機嫌になりたいのは私の方だよ」と悲しい気持ちになってしまうこと、ありませんか？

男性には、一緒にいる女性の幸せや不幸を、ぜんぶ自分の責任だと自動的に捉えてしまう性質があります。

彼女が「仕事を辞めたい」のも「腰が痛い」のも、自分のせいだと責められているような気持ちになるのです。女性からすれば、「なんでそうなるの？」という感じですよね。でも、そういう性質なのです。

これを女性が理解できず、ひたすら「仕事を辞めたい」「腰が痛い」と言い続けると、どうなるでしょうか。

「さっさと辞めれば？」「病院行けば？」と不機嫌な顔と態度で言われたり、そっけないLINEが返ってきたり（あるいは返事がない）することは間違いありません。

よく言いますよね、女性は「ただ話したい」、男性は「解決策を提示したい」。

男性は女性の物語の続きが気になるのです。だから、

「腰が痛いからさすってほしい」

「私いま怒っているから怒らせておいて」

「なんかイライラするから言わせといて〜後でスイーツを食べに連れて行って」


などと、物語の「続き」を示してあげればよいのです。

あなたが愛されていないわけでも、彼が冷たいわけでもありません。ただ、性質が異なるだけなのです。

RULE
男性には「お願いごと」を頼もう！

レッスン27 迷惑をかけることは「愛情」を受け取ること

好きな男性に迷惑をかけることを「悪いこと」と思っている女性は多いです。でも実はそれ、大きな間違いです！

迷惑をかける時こそ、「愛情」を受け取るチャンスです。

たとえば彼から「人気の中華のお店、予約しといたよ」とＬＩＮＥがきたとします。でも中華料理は、油をたくさん使うのでかなりハイカロリー。そんな理由で中華を避ける女性も多いようです。

「できれば他のジャンルのお店がいいな」と思っているにもかかわらず、「せっかく予約してくれたのに悪いから」「わがままだと思われて彼に嫌われたくないから」などの理由で、何も言わずに我慢してしまう。

これこそ、逆に相手に迷惑です。

気持ちを切り替えて、そのデートと食事を心から楽しめればよいのですが、たいていの場合は男性から「なんか元気がないな」とか「食欲ないのかな?」と思われてしまう。

それならば、最初に連絡がきた時点で「中華はハイカロリーだから苦手なの～」とあなたの素直な気持ちを伝えた方が絶対にいいです。すると、

「そうだったの？　知らなかった。じゃあ和食にしようか」

と提案してくれるかもしれません。

これが、相手の優しさや愛情を受け取ることです。

あなたが自分の気持ちを大切に行動すれば、相手からの優しさや愛情をどんどん受け取ることができるのです！

「悪いかな?」なんて思わず、好きな男性にはどんどん「迷惑」をかけてしまいましょう。

RULE
自分の気持ちに正直になること。

レッスン28 好きな男性に反省も申し訳なさもいらない

素直に愛情を受け取れば双方がオールオッケー♪　なのに、LINEで「反省」や「申し訳なさ」で男性に迫ってしまう女性がいます。

彼が予約してくれたお店をあなたの都合で変更してもらう時。

せっかくのデートだったのに酔いつぶれ、記憶を飛ばしてしまった時。

彼が機嫌を悪くしたり怒ったりした（ように見える）時はもちろん、「いいよ、いいよ」と言っているに時にも「ごめんね」「私のせいだよね」「私が間違っていたよね」。

男性は、好きな女性を自分が「反省させた」「申し訳なく感じさせた」「気を遣わせた」ことに凹みます。

好きな女性がいつも反省したり、申し訳なさそうに振る舞ったり、気を遣ってばかりいたら、どうでしょうか？

男性はどんどん自信を失っていきます。

あなたは、彼の自信を失わせる存在になってしまうのです。そんな女性、男性にとって面白いわけがありませんし、魅力的でもありません。

罪悪感は、自分の中でしっかり感じるべきものであって、「反省」や「申し訳なさ」という形で相手へ押し付けるべきものではありません。


「私が間違っているから、あなたは怒っているのだよね? 責めているのだよね?」という姿勢は、本来あなたが背負うべき罪悪感を相手に投げつけているようなもの。

「失敗しちゃった～てへっ♪」でいいのです。

彼が何かをしてくれたら「ありがたいな」と感謝する方向へ、気持ちを切り替えましょう。

好きな男性に「反省」や「申し訳なさ」、いりませんからね。

RULE
「ごめん」ではなく「ありがとう」。

レッスン29 男性へのキラーワードは「気持ちいい」

男性が喜ぶ3S「すごい」「そうなんだ」「知らなかった」を超えるキラーワードをお教えしましょう。

「気持ちいい」です。

男性はいろいろな意味で、女性を気持ち良くさせることに喜びを感じます。そこがベースにあるので、女性にはぜひ積極的に「気持ちいい」を伝えてほしいと思います。

「声が気持ちいい」
「空気が気持ちいい」
「その挨拶が気持ちいい」

……など。これ、リアルでもＬＩＮＥでも、素直に伝えてみてください。

具体的な体のパーツを褒めるのもアリです。

お腹とか、唇とか、ほっぺたとか。

「あなたのお腹柔らかくて気持ちいい〜♪」

もしそこに男性がコンプレックスを抱いていたとしたら、あなたの「気持ちいい」で見事にひっくり返るので、ものすごく喜んでもらえます。

「気持ちいい」は、〃感覚〃の言葉です。

匂いや手触りなどのレベルの話なので、理屈ではありません。

感覚的な部分で相手の魅力を探すようにすると、頭で恋愛してしまうことも減るのではないかと思います。

ちなみに女性へのキラーワードは「たまらない」だと思います。

男性に言われたら、なんだか嬉しくないですか？（笑）

気になる彼の「気持ちいい」ポイントを、探してみてください。

RULE
「すごい」「そうなんだ」「知らなかった」も使って！

レッスン30
既読スルーは花粉症みたいなもの

多くの女性を悩ます「既読スルー」。
気になってしまうのは、返事がないことに過剰に反応してしまっているからです。
花粉症は、アレルゲン物質への過剰な反応が原因ですね。
既読スルーが気になるのも、似たようなものです。

「こう思われたかも」
「嫌われたのかしら」
「迷惑だと思われたかもしれない」

などと、自動反応している状態です。
花粉症も既読スルーも、それ自体を「無くす」のは難しい。

それならば過剰な反応を抑え、気にならないような努力をすればいいだけ。

既読スルー〝された〟気がしたら、その度に、

「どうして気になるのだろう？」

「他にやることなかったかしら？」

「自分のことより、彼のことばかり気にしているかも？」


などと、自分を省みる方向に気持ちをもっていきましょう。

自分に優しくなるチャンス。

自分を愛するチャンス。

それが既読スルーアレルギーからの脱却です。

既読スルーは花粉症と一緒で、無くなるものではありません。

でも、気にならなくなるようにはできるのです。

RULE
既読スルーされた数だけ幸せになれる。

レッスン31 感じたことはそのまま放っておこう

過剰反応をやめていくには「〜と思われたかも」と一人でぐるぐる考えるのを、いったんストップする必要があります。

そのためには、あなたが感じたことを「合っている」「その通り」と肯定してみてほしいのです。


「迷惑に思われたような気がする」

「重いって思われたかな」

と感じたら、

「そうだね、迷惑と思われたね」

「うん、重いって思われたね」

と、あなたが「そう感じた」ことと、その内容をいったん肯定してみます。

自分で肯定してしまえば、そこでいったん完結させられます。

自分の不安や思いを確認という形で相手に押し付けずに、自分の中に取り込むことができます。

一方、肯定ができないと、「迷惑と思ったでしょ?」「重いと思ったでしょ?」と確認をしたくて、わざわざそう思われるような行動をとったりLINEを送ったりしてしまいます。

もちろん無意識のうちに……です。


あなたが感じた気持ちや思い、「〜と思われたかも」は、しっかり感じて、そのまま放っておきましょう。

あなたが感じたことに、間違いも、正解も不正解もないのですから。

わざわざ相手に聞く必要もありません。これが恋愛のコミュニケーションです。

RULE
「まあ、いっか」くらいの気持ちでいよう!

レッスン32 放っておくのは彼に抱いている「思いや感情」

ＬＩＮＥの既読スルーに対して、「どうしたらよいでしょうか？」と悩む女性には、「放っておけ♪」とよくアドバイスします。

この「放っておけ」とは、彼自体をというよりは、そこに伴う「思いや感情」を放っておく、という意味です。

感じたことを自分の中に取り込めるようになると、「迷惑と思われる」「重いと思われる」ことが、だんだん大丈夫になっていきます。

平気、大丈夫というよりも、受け入れられるようになるという感じですね。

そうすると、

「迷惑って思ったでしょ～♪」

「重いって思ったな～♪」

と、相手に聞けるようになります。

既読スルーに対して、自動反応で不安をあおられていた状態から、手動での反応に切り替えられた状態です。

これが「アレルギーから脱却する」ことです！

人は、「～させられた感」を持つとストレスがたまります。

既読スルーアレルギーも一緒。

自動で過剰反応させられている状態なので、精神的によろしくないのです。

感情を「放っておく」ことで、自動から手動に反応を切り替えられます。

さあ、「私」を取り戻しましょう。

「私の人生」を取り戻しましょう。

その覚悟は、あなた次第なのです。

RULE
どうしても聞きたいなら「♪」を忘れずに。

レッスン33 既読スルーは温泉タイムの到来

既読スルーもメールのレスなしも、要するに「無視」のことですよね。

どうして無視された気がするのか？
無視されているように感じるのか？

これを突き詰めていくと……。
あなたが自分の何かを無視して、彼からの連絡を待っていることに気づくでしょう。
既読スルーされた数だけ、女性には自分を「大切にする」「愛する」要素があります。
あなたが自分のこと以上に誰かを愛しすぎた時に、問題が生じるのです。
だから、外に向けていたそのエネルギーを、自分に向けましょう。
と言っても、楽しいことや好きなことをしようとすると、そこでまたつまずく人が現れます。

「こんな気持ちの状態で楽しいことをするなんて、とてもじゃない」

ポイントは、「気持ちいい」「心地いい」です。楽しくなくても大丈夫。

温泉でも、マッサージでも、半身浴でも、山登りでも、カラオケでも、あなたが「気持ちいい」「心地いい」と感じることは何でしょうか？

これがわからないとなると、それはもう自分の感覚が自分でわからない、自分を見失っている状態ですよね。これはこれで一つのサインです。自覚しましょう。

既読スルーにモヤっとしたら、

「ご自愛タイムがきた！」

「好きなところに行けるタイムがきた！」

自分を大切にすることを頑張る時間の到来です。

RULE

一人でやりたいことを全部しちゃおう！

レッスン34 「仕事が忙しい」と言う男にかまわない

「『仕事が忙しい』と彼からLINEがきます。どうしたらいいですか?」

どうにもなりません(笑)。

仕事を辞めさせますか? 無理でしょう?

どうにもならないのですよ。

男性が「仕事が忙しい」と言う時は、2パターンがあります。

まず一つは、本当に仕事が忙しい時。

そんな時は「ごめんね」という言葉や、別の日時の提案など、何かしらのフォローがあります。おとなしく待ちましょう。

もう1パターン。これは正直に言って、脈がない時。

あるいは、あなたへの興味が失われつつある時。

結婚でもデートでも、仕事のせいにして事を進ませない時。

こんな時、男性には完全にその気がありません。

でも、そんなに簡単に諦められないですよね。

だって好きなのでしょう？ そんな彼を……。


それならば、「仕事が忙しい」と言う彼に、いちいち「かまう」のはやめましょう。

「仕事が忙しい」と仕事に逃げる男性に、「かまう」のはやめましょう。

LINEで心配の言葉を送るのは、やめましょう。


さあ、あなたの手元には何が残っていますか？ 何が見えますか？

あなたが本当に「したかったこと」をしましょう。

本当に「言いたかったこと」を言いましょう。

自分の人生が忙しくなれば、「仕事が忙しい」と言う彼にかまう時間なんてありませんよ。

RULE

かまうのではなく、かまわれよう！

レッスン35 LINEの一人遊びをやめる

「待てない」女性が多発しています。

既読スルーを放っておけず、自分から何度もLINEを送ってしまう女性。

男性側が「時間を作る」とLINEしてくれているにもかかわらず、

「いつ会える?」

「早く会いたいな♪」

「待ちきれない♪」


とあなたが送る度、男性のモチベーションはどんどん低下していきます。

「どうして時間作ってくれないの?」と責めたかと思えば、「急かしちゃってごめん」と急にしおらしくなってみる。翌日には再び「早く会いたいな♪」と暗に急かす。

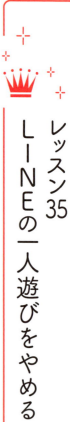

このように、コロコロ気持ちが変わる度にLINEを送るのは、〝恋の一人遊び〟です（笑）。実際に相手とコミュニケーションを取っているわけじゃありませんから、完全に独り相撲なのですよ。一人遊びです。


「この人に会ったら元気になりそう」

「この人に会ったら楽しそう」

「面白い話が聞けそう、もっと話したい」

と、男性が思うと思いますか？

あなたの気持ちは、実際に会った時に伝えましょう。

寂しさや会いたい気持ちをLINE上で相手に埋めてもらおうとするから一人遊びをする羽目になるのです。

LINEは、「会うための」『会いたい』と思ってもらうための」ツール。

一人遊びをするためのものではありませんよ。

RULE
恋の一人遊びはつまらない。

レッスン36 「来ちゃった♡」と言える女性になる

ここまでさんざん「放っておく」ことの大切さを伝えてきました。
あなたはちゃんと正しい意味を理解できているでしょうか？
では、ここで問題です。

彼が高熱を出してダウン、仕事にも行けずに寝込んでいるらしい。
さて、あなたはどうしますか？

こんな時、「看病に行きたいのですが、どうしたらいいですか？」と相談してくる女性がいます。
おそらく、マミースタイルになることや、重いと思われることを心配しているのでしょう。

要は、「あなたがどうしたいか」ということ。

行きたいのでしょう？　看病したいのでしょう？　心配なのでしょう？

この状況なら当たり前ですよ。

大丈夫かどうかを、とりあえずＬＩＮＥで確かめたいのならば、「大丈夫？」と聞けばいいし、返事がなくて生命の危機が心配になったら（笑）、スポーツドリンク持参で部屋まで行ってみればいい。

行ってみたら喜ばれるかもしれないし、嫌がられるかもしれない。

でもそれは、行ってみないとわかりません。

「自分がどうしたいかを自分に聞いてみる」過程をすっとばして、ノウハウに頼るのはやめましょうね。

行動して、体験して、その結果を自分のものとして取り込めばいいのです。

何も怖いことなどありませんよ。

「来ちゃった♡」と清々しく笑える女性でいてください。

RULE
私がどうしたいかで行動を決めよう！

レッスン37 あなたの悩みはモテない男性の悩みと一緒

面白いことに気がつきました。


「片想いの男性を、いきなり遊園地に誘うのはハードルが高いですか？」

「緊張しちゃって、彼に何を話していいかわかりません」

「デートに誘いたい時、何てＬＩＮＥしたらいいですか？」


など、恋に悩む女性の相談を聞いているうちに、「モテない男性の恋の悩みと一緒だよ……」と気がついたのです。

みなさん、綺麗で可愛らしくて、仕事も頑張っていらっしゃる女性ばかり。

それなのに、悩む内容はモテない男性と一緒。

みんな、少し、落ち着いて～！　しっかりして～！　と僕は思ってしまいます。

このような時には、

「男性からまったく同じ境遇、状況、内容の相談をされたら、あなたなら何とアドバイスしますか？」

と考えてもらうようにしています。

すると、女性の中にある「男性性」が成長し、客観的になれるのです。

人のことはよくわかるのに自分のことはわからない時、ありますよね。

自分の女性性を守りながら、男性性を鍛える。そんなイメージです。

どうしようもなくLINEや恋に悩んだら、ぜひこの方法を試してみてください。

「モテない男性の悩みと同じか」と思うだけでも、少しはクールダウンできるかもしれません。

RULE

遊園地に行きたい！のLINEだけでいいよね。

Part 2 スキルアップ編

彼にどんどん
愛される女になる♪

言葉と文字は違う。

言葉は感情を表すけれど

文字に感情を表してはいけない。

文字に感情は映し出せないから。

レッスン38
アイコンは顔写真を使おう

LINEのアイコン、どんな画像を使っていますか？

ペット、動物、植物、小物、憧れの芸能人、自分の子ども。

このあたりを使っている人が多いかもしれません。

しかし大好きな彼に絶対に愛されたいのなら、使うべきは「自分の顔写真」です。

実際に替えてみた女性からは、

「マンネリになっていた彼氏から『可愛いね』『いいじゃん』と言われた♡」

「気になっていた彼から誘われた」

「元彼が連絡してきた！」


などのウキウキ報告がたくさん。

素敵な恋がしたいのですよね？ 彼から愛されたいのですよね？

トーク画面に常に表示されるアイコンを「自分の顔」にしていないなんて、恋愛の舞台にも立っていない状態に等しいです。

自分をさらけ出さないで、隠れていて、それで素敵な男性に「見つけてもらおう」なんて、虫が良すぎますよ！（笑）

写真はちゃんと顔立ちがわかるものにして、横顔や後ろ姿はNGです。

頑張って自撮りをしてもいいですし、プロのカメラマンに撮ってもらってもいいですね。最近はリーズナブルな写真スタジオもたくさんあります。

美白アプリでの加工はOKですが、動物になってしまうようなアプリ加工は避けた方がよいでしょう。

「どんなのがいいかな？」「どうすれば可愛いかな？」と自分で自分に興味を持ち、知っていくことも大切なプロセスです。

RULE
自分の顔に慣れよう！

レッスン39
点とマルは、どんどんはずす

今すぐ実践できて、ＬＩＮＥの文面が一気にあか抜ける方法を伝授しましょう。

「、（点）」と「。（マル）」を使わないようにするのです！

「ゆ〜すけさん、こんにちは。
ブログ毎日、読んでいます。
本も読みました。
とても気持ちが前向きになりました。」
←
「ゆ〜すけさんこんにちは〜😊
ブログ毎日読んでいます♪♪
本も読みました😀

とても気持ちが前向きになりました♡」

こんな感じです。効果としては、

・文面がカジュアルになる
・喋っているような雰囲気になる
・堅苦しさがなくなる
・絵文字で好意的な姿勢を示せる

点とマルを使うと、文が一気に作文や手紙みたいになってしまい、LINEの使用目的とは少しずれてしまいます。

LINE上で男性に堅苦しさを感じさせてしまうと、「どんな子なのかな?」と思わせるスタートラインにも立てません。点とマルなしのLINE、意識してみてください。

RULE

「句読点がないと読みにくい」は時代遅れかも。

レッスン40 前置きを書かない

好きな人や憧れの人とコミュニケーションをとる時に、いちいち前置きはいりません。遠慮もいりません。

「忙しいとは思うのですが」
「迷惑だとは思ったのですが」
「返事はいらないので」

……などと前置きをしてしまうのは、おそらく予防線を張っているからでしょう。
傷つきたくない気持ちはわかります。
へりくだっていた方が、冷たくされたり断られたりした時の傷も浅いでしょう。
でも、わざわざあなたの「気持ち」や「思い」を、相手よりも下に持っていく必要はありません。

こんな前置きを送るなんて、なんだか業務連絡みたいだと思いませんか？

会社のビジネスメールみたい。

ビジネスと恋愛はまったく別物ですよ。

あなたがどれだけ相手の男性を上に見ていても、憧れていても、相手は「ただの男」です（笑）。

前置きをすればするほど、相手との距離が開きます。

あなたが自分らしくいられなくなればなるほど、相手との距離を感じていきます。

相手との距離は、実は本来のあなたと、演じているあなたとの距離なのです。

自分らしいＬＩＮＥを送りましょう。

それが距離を感じさせないＬＩＮＥです。

前置き文章は、これからは一切ナシでいきましょう！

RULE
気遣いできる女性は前置き文章を書かない！

レッスン41
会話のラリーを目指そう

長文は間違いなく、相手に「重い」と思われます。

読んでもらえなければ、コミュニケーションのしようもありません。

だから、読むのに負担のない長さを意識しましょう。

おさらいになりますが、ＬＩＮＥは手紙ではありません。

季節のご挨拶も、相手の身体を気遣う締めの言葉もいりません。

さらに点とマルをはずすようにして、前置き文章も書かないようにすれば、必然的に文章は短くなるはずです。

ＬＩＮＥでのやりとりの理想は、ポンポンポンと短い会話のラリーが続くような状態。１回ごとの発言は１行か、多くても２〜３行でしょうね。こんな感じです。

あなた「〇〇くんおはよ〜♪」

彼「おはよ～どうした？」
あなた「それだけ笑」
彼「おい！笑」

どうしても長く送る必要がある時は、

・2～3行ごとに改行するか、1行あける
・2～3行ごとに、何回かに分けて送る

などの工夫をしてください。間違っても、スクロールしないと読み切れないような長文は送らないでくださいね！　LINEですべてを伝える必要はないのです。何なら電話すればよいのですし、会って話したっていい。LINEや文字であなたの「すべて」が伝わるわけがないのですから。

RULE
2～3行以上の文章は送らないで。

レッスン42 相手の名前を呼ぼう

緊張している時ほど、相手との距離がある時ほど、人は相手の名前を呼ばないように思います。

LINEでも一緒です。

仲の良い友達や家族にLINEを送る時ほど、

「○○ちゃん生きてる?」

「○○ごはん行こ〜♪」


と、気軽に名前を呼びます。あなたもそうしていませんか?

このあいだ知り合ったちょっと気になる彼。名前も呼びかけず、さらにはアイコンも自分の顔じゃない状態でLINEしたとしたら、

「誰だ、これ？」

と思われてしまっても不思議ではありません。

相手の名前を呼ぶのは、人としてのスタンスやマナーのレベルだと思うのです。

呼ばれた方は、嫌な気持ちはしません。

もちろん、いきなり呼び捨てにするのは論外。そうでない限りはむしろ親しみを感じてくれるはずです。

送る方としても「誰に」送っているかの〝認識〟を持つのは大切です。

ＬＩＮＥに限らずＳＮＳは、往々にして自分と相手との境がボケやすいもの。

繋がっている感覚が強すぎるのかもしれません。

「私は、◯◯に向けて話しています」という認識をしっかり持つためにも、ＬＩＮＥでは相手の名前を呼ぶようにしてみましょう。

RULE

年上でも、好きではない相手でも、名前で呼ぼう！

レッスン43 感情を共有しようとしない

ＬＩＮＥで「繋がっている」という感覚を、男性とは共有できないと思ってください。

女性は会っていなくても、気持ちの共有ができます。

でも、男性は、会っている時にしか気持ちを共有できないのです。

これを無理矢理共有しようとしたり、「できる」と思ってしまったりすると……。

コミュニケーションにズレが生じ、楽しいＬＩＮＥができなくなります。

さらに恐ろしいことには、「重い」と思われてしまうことも多々あるのです。


「ＬＩＮＥ上で女性から感情がたくさん伝わってくる」

男性はそれだけで、もうお腹がいっぱいになってしまいます。

平たく言えば、「この子のこと、もっと知りたいな」と思ってもらえなくなるのです。

基本的に、男性とのＬＩＮＥに「喜怒哀楽」は書かない方が賢明です。

「嬉しい」「悲しい」「好き」「嫌い」「楽しかった」など。

入れて良いのは「感想」や「事実」です。

「面白かった」「美味しかった」など。

「昨日はありがとうございました😌
映画面白かったです😆」

でじゅうぶんなのです。

「何が食べたい？」「何が好き？」と聞かれて、「パスタが好き〜、パスタがいい〜♪」

と答えるのは「情報」「事実」なのでOK。

「一緒に食べられなくて寂しかった」などは、「感情」なのでNGです。

LINEは「事実」「情報」を伝えるものでしたね。

ツールは、使用目的に沿って正しく利用しましょう。

RULE

「喜怒哀楽」は相手に想像させること。

レッスン44 感情は「絵文字」か「顔文字」で表そう

男性には不思議な性質があります。

「自分に恋愛感情がある」と付き合う前に確信した相手に対して、興味を持たなくなるのです。

優先順位が下がってしまうのですね。

気のある男性にＬＩＮＥを送る時、女性は恋愛感情を込めて「感情」を文字で書き、さらには絵文字やら顔文字やらスタンプやらで、可愛くデコりますよね。

そのようなＬＩＮＥは、男性からすると「うっ、もうお腹いっぱい」なのです。

要するにＬＩＮＥで「喜怒哀楽」を書いてしまうと、あなたの感情が伝わりすぎるということです。

女性から恋愛感情を付き合う前に感じすぎた男性は、その瞬間に「この女性と付き合うかどうか」の答えを出さなければならない衝動にかられます。不思議ですよね。知り合ったばかりの女性に対して、急に既読スルーをしたり、未読になったりするのはそういうことです。

それでも女性は感情を出したい生き物。感情を出すのならば、絵文字や顔文字で表すようにしてみてください。

「昨日のごはん美味しかった😍
また行こ～ね♪」

こんなイメージです。

慣れないうちは時間がかかるかもしれません。
でも、そんなに難しい話ではなく、もっと感覚的なこと。
恋愛は楽しいもの。頭でなく、感覚で楽しみましょう。

RULE

男性は「自分で釣った魚しか餌をやらない」。

レッスン45 「絵文字」「顔文字」「スタンプ」は盛りすぎない

「感情は絵文字か顔文字で表現しましょう」とお伝えしました。

でも、盛りすぎはＮＧです！

あふれんばかりの愛情や気持ちを込めたくて（?）、「♡」や「✨」を3個も4個も連続して打ってしまう女性もいます。

「イルカ🐬可愛かったね～♡♡♡♡♡
今日はありがとう😆😆✨✨おやすみ😴🌙」

はい、盛りすぎです（笑）。

そもそも、どうして感情を絵文字か顔文字にするのでしたか？

それを常に念頭に置いておきましょう。

感情が伝わりすぎては、何の意味もないのです。
あなたの感情をあげすぎて、男性をお腹いっぱいにさせてはならないのです。
「もっと知りたい」と思うくらいでちょうどいい。
一文に1個か、多くても2個まででしょう。
スタンプも同様です。基本的に連打は必要ありません。
相手がまだ何も返事をしていないのに、女性ばかりが何個もスタンプを送ってしまう。
相手の顔をみないで、一人で盛り上がっているわけです。
けっこう痛々しいですよ……（笑）。
LINEも、恋愛も、相手ありきです。
相手とのコミュニケーション、という点をしっかり意識してくださいね。

RULE
神秘的な女性がモテるのは、「知りたい」だけ。

レッスン46　男性がLINEで感情を出してきたらチャンスと思おう

あなたの感情を「文字で」書いても、問題ないケースもあります。

男性の方から先に「感情」を見せてきた時です。


男性がLINEで感情を出すのは、相手に興味がある時だけ。

しかも、それが好意に変わる確率はおそろしく高い。

要するに、男性から「昨日は楽しかったです」とLINEがきたら、あなたに興味がある証拠。

脈ありとみてOKです。

お互いに好意がある状態なので、感情という形であなたの好意を見せても問題ありません。

「私も楽しかったです♪」と送っても、重いとは思われません。

せっかくなので荒技をお伝えすると、ここで「♡」だけを送るのもアリ。

相手の男性は「楽しかったという意味かな？」と、ますますあなたのことが気になって仕方なくなるはず。

どうでもいい相手に素っ気ないLINEを送っていたらなぜか好意を持たれた、というのはよくある話です。

結局、男性は「気になる」女性を好きになるのです。

「知りたい」と思ってもらうことは、とても大事です。

LINEで感情を見せるのは、相手が好意を示してきた時か、両想いのラブラブハッピー♡な状態になってから。

そこが恋愛のスタートですよ。

早く恋のスタートラインに立ちましょう！

RULE
騙されたと思って「♡」だけ送ってみて。

レッスン47
文中に「?」ばかり入れない

気になる彼に送ろうとしているＬＩＮＥの文面を一度、自分で見直してください。

「?」は何個入っていますか?


「今日、空いている?」

「忙しいのかな?」

「よかったらご飯、行かない?」

「また連絡くれる?」


これらは全部、相手の都合を聞く形です。

相手の話ですよね。

相手にお伺いを立てるのではなく、自分の話をしましょう。

そのためには「言い切って♪（るん）」でしたね。

それを踏まえて、「？・」がなくても文章がつながるように、打ち直してみてください。

意外と「？・」を使わなくて済むものですよ。

男性には追いかけたい衝動があります。だから、「自分が会いたいと思った」、「自分がデートしたいと思った」がとても大事です。

女性に押される形で付き合うことになると、後でもめた時に、「言われたから付き合った。そもそもそんなに好きじゃなかったし……」となりやすい。

「言い切って♪（るん）」すると、「答え」が早く来るようになります。

もちろん、断られることもあるでしょう。

しかし、女性の幸せのためには、早いところ断られて次の男性に行く方が絶対にいい。

その気のない男性を「どうにかしよう」なんて、土俵にもあがらずに「相撲を取るぞ！」と騒いでいるようなものですよ。

そこまでして、あなたは自分に興味すらない彼を手に入れたいですか？

RULE
今日から「？」は禁止！

レッスン48
「？」を送るのは情報を確認する時だけ

相手にお伺いを立てる「？」はいりませんが、問題のない「？」もあります。

「情報」を確認する時です。

たとえばデートの時間を忘れてしまった時、「何時に約束していたかな？」と聞くのは、まったく問題ありません。

興味関心に基づく純粋な質問をする時もアリです。


「水族館と映画館どっちが好き？」

「イタリアンと和食どっちが好き？」


こんな時には、「どっちがいいか教えて♪」と「言い切って♪（るん）」するのは、逆に面倒ですよね。

もちろん、してもいいですけどね。

つまるところ「?」に、余分な思いが込められていなければよいのです。

相手にお伺いを立てる「?」を送ってしまう時は、

「明日、忙しい(よね)?」

「デートできる(よね)?」


など、女性の呪いにも似た確認の気持ちが込められています。

男性にはこれが重いのです。

絶対に「?」を使ってはいけない、と制限してしまうと、まわりくどいヘンテコリンなLINEになってしまうこともあるでしょう。

情報を確認する時の「?」は、まったく問題ありませんよ。

RULE
私のこと好き?って絶対に聞かないでね!

レッスン49 男性からの「?」は限りなく受け取ろう

男性の愛情は「?」で送られてきます。

「迎えに行こうか?」
「何を食べる?」
「荷物、持とうか?」

など、日常生活において男性から来る「?」を一度、ぜんぶ受け取るようにしてみてください。

恋愛候補の男性だけでなく、職場にいる男性に対してもです。

きっと、いかに周りから大切にされていたか、愛（恋愛感情とは限らず）や優しさをもらっていたかに気づくと思います。

現代女性は、男性と平等に働き、競争社会を生き抜くように教育されて育ってきているので、何でも「一人で頑張る」くせがついています。

男性の「?」を受け取ることに、なんとなく抵抗感を持つのも当たり前です。でも、好きな男性に遠慮も申し訳なさもいりません。

恋愛とは「二人で生きる」ものです。

「?」をもらわないのは、一人で生きるための術。恋愛で発動させる必要はありません。

男性は「?」を受け取ってくれる女性が好きです。

「?」を受け取ってくれ、役に立たせてくれる女性が好きなのです。

LINEでも、日常生活でも、女性から男性に「?」を送る必要はありません。

男性から送られる「?」は受け取り拒否をせずに、限りなく受け取ってしまいましょう。

RULE
好きじゃない男性からもモテよう！

レッスン50
ツッコミを入れさせよう

男性にツッコミを入れさせることができたら、こっちのものです。

というのも、男性は自分がツッコミを入れた女性に対して、「面白い子だな」と思うようにできているからです。

そう、興味を持つのです。

LINEで魅力アピールはいらないとお伝えしましたよね。

むしろドジなところ、ダメなところを出していきましょう。


「家が散らかりすぎて探し物に5時間かかった（笑）」

「朝起きたらいつも頭と足が逆さま（笑）」

そんなエピソードに対して、

「おいおい！」

「違うだろ！（笑）」

「そんなこともできないのか〜？」

などとツッコミを入れる男性は、あなたのことを無意識のうちに、可愛く思っているはずです。

「ダメだな〜、俺がいないと」に似た感情を抱くのです。

恋愛と漫才は少し似ています。

二人で会話して、世界を作っていくものだから。

自分のドジエピソードやマヌケ話は、直接するよりLINEの方がしやすいと思います。

LINEで遠慮なく披露して、仲を深めていきましょう。

男性がツッコミを入れてきたら、心の中でガッツポーズ！　です。

RULE
天然ボケの女性がモテるのは、こういう理由。

レッスン51
ときにはよそよそしさを出す

「よそよそしさ」は、男性との距離を開かせてしまうだけのものではありません。うまく使えば、恋愛の良いスパイスにもなりえるのです。

いよいよ付き合い始めたり、すっかり仲良くなってきたりした時、変化球として「よそよそしさ」を活用してみてください。

LINEでいつも「○○くん」「○○ちゃん」と呼んでいる場合は、急に「苗字＋さん付け」で呼んでみる。

いきなり敬語を使ってみる。丁寧に話してみる。

唐突に「お仕事おつかれさまです」なんて、ちょっとビジネスっぽくしてみる。

間違いなく男性は、「急にどうしたの?」と驚いてくれます。

これは、関係が深く長いほど有効かもしれません。

結婚している人は、ご主人を「さん付け」してみてはいかがでしょうか？

きっとお互いに新鮮な気持ちになれますよ（笑）。

もしかしたら、自分を「立ててくれている」と喜ばれるかもしれませんね。

「親しき中にも礼儀あり」という諺《ことわざ》もあります。

親しくなった後に、よそよそしさを演出すると「大切にしてくれている、尊敬してくれている」と感じてくれるかもしれません。

単純に距離を感じて、あなたを気にかけてくれるようになるかもしれません。

恋が始まる前の「よそよそしさ」は邪魔者。

でも恋が始まった後の関係においては、愛を深めてくれるキューピッド役になるのです。

RULE

安定がいちばん怖い！

レッスン52 「また連絡するね」で主導権を握る

既読スルーが苦しいのは、〝待ち〟の姿勢だから。


「なんで連絡してこないのだろう?」

「どうして私のことが気にならないのだろう?」


と待つ間に、一人でぐるぐる考えてしまうわけです。

待つというのは、相手ありきの姿勢です。

そこで、思い切って「待つ」のをやめてみましょう。

むしろ、**あなたが待たせるのです!**

〝待ち〟の姿勢から〝待たせる〟姿勢に切り替えるスイッチとして、「また連絡するね♪」とＬＩＮＥしてみてください。

連絡する主導権はあなたにありますから、5分後にまたLINEしてもいいのです。

ただし、その時は笑いありきで、「もう連絡しちゃった（笑）♪」と。

それに、「また連絡するね♪」と送っておけば、たいていの男性はアクションしてきます。追いたい生き物ですからね。

「連絡くれる？」「忙しいの？」と問い詰めるよりは、よほど良いです。

何より、あなたの中で「自分がどうしたいのか」の主導権を取り戻すことができることが重要です。

自分ありきで行動できていれば不安いっぱいの苦しい恋に陥ることは、まずありません。

「また連絡するね♪」は、スタンスを切り替えるためのおまじないです。

RULE
「また連絡するね♪」は最強の魔法の言葉。

レッスン53
どんどん「言い切って♪（るん）」する

Ｐａｒｔ１でお伝えした「言い切って♪（るん）」の話を覚えていますか？

男性にお願いごとをする時、「言い切って♪（るん）」すると、叶えてもらえる確率が上昇するのでしたね。

要するに、相手の話をせずに自分の話をするスタンスでいるための方法です。

だから、相手にお願いをする時以外も、この言い方を使ってみてください。

デートで行きたいお店があったら、「このお店を予約して♪」も「言い切って♪（るん）」ですが、もっといいのは「ここ予約しとくね♪」です。

彼の部屋へお見舞いに行くかどうか迷ったら、「お見舞いに行っていいか教えて♪」ではなくて、「お見舞いに行くね♪」です。

彼の部屋へ料理を作りに行くかどうか迷ったら、「夕食を作りに行っていいか教えて

♪」ではなくて、「夕食作りに行くね♪」です。

LINEで彼とやりとりをする際は、常に何でも「言い切って♪（るん）」がおすすめです。

そうすれば、あなたを幸せにしてくれる男性なのか、そうでないのかはすぐにわかります。

女性はもともと優しく、相手に合わせることに長けている生き物です。

だからこそ、今の時代、**男性が〝あなたに合わせる〟くらいでバランスが取れてちょうどいい**のですよ。

あなたがしたいことは、「言い切って♪（るん）」でどんどん実行していけばよいのです。

RULE
断るなら勝手に断れば？くらいの感覚で。

レッスン54 「捨ててもいいや」の姿勢でLINEしてみよう

付き合う前の段階で、イライラや怒りをＬＩＮＥでぶつけてくる男性がいるそうです。

信じられないですね。

「男性が感情を見せてきたらチャンス」とはお伝えしました。

でも、これはちょっと次元の違う話のように思います（笑）。

そもそも、どうしてそんな非常識で失礼な男性のことをあなたは好きなのですか？

仮に、あなたの「重さ」に男性がイライラしたのだとしても……。

それをＬＩＮＥでぶつけてくるのは、人としてちょっとどうかと個人的には思います。

それでも、あなたがそんな彼を好きなのだとしたら、

「そんなＬＩＮＥを送ってくるあなたに私はイライラするよ！」

と送ってみましょう。

お互い本音を言い合えて、逆に仲良くなれるかもしれませんよ（笑）。

とはいえ、そんなLINEを送るのは、あなたにとって「さよなら」を言うのと、ほぼ同じ意味だと思うのです。でも、それでいいのです。

「LINEで怒りをぶつけてくるなんて、ありえない。何なの？　意味がわからない！」と、本音では思っているはずです。

それを相手に言えないから、「どうしたらいいのでしょう？」と悩んでいるのです。

「もう、この人とはどうなってもいいや」の〝捨て〟の姿勢で動いてみると、意外といい方向に動くこともあります。

「どうしてこんなことを言ってくるのだろう？」ではなくて、「自分はどうしたいか？」にフォーカスしましょう。

RULE

本音を言い合えない男性は運命の相手ではない。

レッスン55 次の要望を軽く示してあげる

男性は基本的に女性の「役に立ちたい」生き物です。
その性質をうまく活かす形で、あなたの願いをどんどん叶えてもらいましょう♪
少しおさらいです。男性にＬＩＮＥを送る時、

・相手の名前を呼ぶ
・感情ではなく感想を入れる
・「言い切って♪（るん）」する

このあたりを意識すると、男性から「気にされる」可能性が高まります。

これにプラスして、次の要望を軽く示すようにすると、さらに次のデートにつながりやすくなります。

たとえばこんな感じです。

「○○くん今日はごちそうさま😊
生春巻きホントに絶品だった😍
今度はパクチー専門店にいこ～よ♪」

男性は、「おっ、次はパクチー専門店ね。どこがいいか探してみよう」と、ミッションを与えられたことで俄然張り切ります。

あなたに悪い印象を持っていなければ、数日後には

「ここのお店はどう？」

と新たなデートのお誘いがくるはず。

男性は自分の意思でデートに誘いたいもの。

あなたは自分の要望を軽く示すだけでＯＫ！　簡単でしょう？

RULE

デートのプランは男性に決めさせる！

レッスン56
「好き」と「嫌い」をまぜる

記念日デートでチケットまで取っていたのに、「ごめん、急に残業頼まれて。悪いけど一人で行って」と彼からＬＩＮＥ。

「そうなんだ。ぜんぜん、気にしてないよ。」と返した日には、彼は恐怖に打ち震えることでしょう。

こういう時に限って、つい「点とマル」を使ってしまうのは、女性にとってそれが本音ではないから。そして、本音をわかってほしいから。

男性は、文字そのものよりも、背後にある女性の機嫌や感覚を感じ取っています。

それを、言葉通り文字の「後ろ」にある絵文字や句読点から察するのです。

この場合、マルに込められた女性の「本音」を感じ取ります。とてつもない恐怖と共に……。

そして、「責められた」と感じた彼は、不機嫌になるのです。

これ、関係がこじれる原因になりかねません。

女性からすれば、気を利かせて責めなかったのに、デートをキャンセルされたうえ不機嫌になられるのですから、ストレスがたまるなんてものじゃありません。

だから、本音を書きましょう。

「死ね！」と思ったのなら、その通り書きましょう。

ただし、「死ね♡」と、文字の後ろの感情の部分にはハートマークや可愛い絵文字を使って、なけなしの愛を込めましょう（笑）。

男性は「俺のこと好きなんだな」を感じたうえで、怒っていることを情報として受け取り、「そりゃ怒るよな。悪かったな」と反省し、何かしらのフォローをしてくれるはずです。

そして、本音を伝えることのできた女性は、ストレスもたまりません。

「好き」と「嫌い」をまぜるのは、男女共にハッピーになれる方法なのです。

RULE

「ムカつく♡」「ひどい♡」はOK！

レッスン57 マイナスの感情もちゃんと送ろう

自分の気持ちをないがしろにするのがいちばん、罪深いと僕は思います。
腹がたったらちゃんと怒る、悲しかったらちゃんと悲しがる。

「大丈夫！大丈夫！気にしてないよ」
「ぜんぜん平気
お仕事頑張ってね！」

なんて、あなたの気持ちはどこに行ったの？　と聞きたくなります。
言えなかった、閉じ込めたあなたの本音は、「呪い」に変わります。
相手に嘘をついた分だけ、相手に向けた「呪い」を溜め込みます。
そして、いつか必ず言う羽目になります。積もり積もった怒りや悲しみを「呪い」

の言葉と共に、相手にぶつける日が必ず来ます。

そんな関係、うまくいくと思いますか？

マイナスの本音も、ちゃんと伝えられるようになりましょう。

絵文字を使う気も起きないくらい腹がたったのならば、文字だけで怒りの言葉を送ってもかまいません。

思ってもいないような嘘をつくよりは何倍もマシです。

でも、余裕があれば、マイナスの感情も絵文字か顔文字にして送ることができればベターです。

相手の受け取り方もソフトになるでしょうから、彼も優しくフォローしてくれやすくなるはずです。なにせ、男性は「責められる」のが大の苦手ですから……。

どれだけ隠しても、あなたの本音は彼に伝わります。

だったら最初から自分でバラした方が、長続きする関係が作れます。

RULE
今も昔も「女の呪い」は男を震え上がらせるよ。

レッスン58
男性は元気だと連絡してくる

男性がＬＩＮＥしてくるのは、元気な時だけです。連絡してこない時は、元気がない時だと思ってください。

「元気がない」時というのは、体調が悪い時とは限りません。

落ち込んでいる時、やる気が出ない時、忙しい時、手があかない時。とにかく「余裕がない」時、「弱っている」時です。

男性は女性の前でカッコつけたい生き物。

「余裕がない」「弱っている」なんて、いちばんカッコ悪いと思っていますから、そんな姿を女性に見せたいわけがないのです。


女性はむしろ逆です。

失恋した時、悲しいことがあった時、傷心旅行に出かけることもできます。

弱っている時に、人と思いを共有したり、なぐさめてもらったり、とにかく〝外〟と接することで元気を取り戻すことができます。

しかし男性はできません。

傷心旅行に出かける男性の話は、あまり聞きませんよね。
男性は一人になって、内に〝こもる〟ことで充電するのです。
弱っている時ほど恋に落ちやすく、結婚したくなるのも女性特有です。
男性は絶対にそんなことはありません。
余裕がない時には、恋愛にも結婚にも後ろ向きの姿勢です。
この辺りのタイミングが一致したカップルが結婚に至るのかもしれません。
それくらい、男性と女性の性質は異なる。面白いですよね。

RULE

男性のことは絶対に追いかけないで。

レッスン59 おこもりタイムを尊重しよう

男性は内にこもることで、自分の問題解決を図ろうとします。

何かのトラブルで自信を失った時にも、自信が回復するまでひたすら内にこもって耐え忍びます。

おこもりモードの男性は、女性への対応が冷たくなることもよくあります。なぜなら、余裕がないから。あなたに優しくするだけの心の余裕がないのです。


それよりもまず、自分の体調を回復させる。

考え事の答えを出す。

やるべき作業を、終わらせる。

自信を取り戻す。

それが済んでから、やっと外へ気持ちを向けられるのです。

男性の「おこもりタイム」は、女性には理解しがたいものかもしれません。

でも、男性にはとても大切な時間ですから、尊重してあげてください。


「ちょっと具合が悪くて。デートはまたにしよう」

「いま余裕がなくて連絡できない」

「最近仕事が忙しくて。落ち着いたらご飯に行こう」

男性がこう言ってきているのなら、その通りにきちんと受け取りましょう。

「私のこと、好きじゃなくなったのかも？」と、そこに勝手に不安を覚えても独り相撲にしかなりません。

男性のおこもりタイムは、あなたが思うほど悪いものではありませんよ。

RULE
誰にだって一人になりたい時はある。

レッスン60
相手のLINEをちゃんと読もう

恋の一人遊びをしがちな女性は、だいたい男性の話を聞いていません（笑）。

彼が風邪をひいたらしく、明日のデートの雲行きが怪しい。

久しぶりのデートの約束だったから、できれば会いたい。

そんな気持ちを抑えきれず、

「明日どうする？行けそう？」

「明日行けないなら来週のプライベートの予定をキャンセルして私と会ってほしい」

という風に、病人相手に迫ってしまう人がいます。

彼が送ってきたＬＩＮＥ、読んでいますか？


「具合が悪い」と言っているのでしょう？

「また別の日にしよう」と言ってきてくれているのでしょう？

「ごめんね」と謝ってくれているのでしょう？

彼の言葉を、ちゃんと受け取りましょう。

彼のおこもりタイムを尊重しましょう。

彼の時間をすべて独占しようとしないでください。


「そっか😢お大事にね～♪　また連絡するね♪」


と返しておけばよいのです。

ちゃんと相手の話を聞いて、受け取って、会えない寂しさや不安も一緒に、自分の中に取り込みましょう。彼のことを好きなら、ちゃんと彼の話を聞きましょう。

ろくに聞かずに一方的に「好き、好き」としていても、素敵な関係は築けませんよ。

あなた自身で、わざわざ恋愛を壊す必要はないのです。

RULE
どんな時も、彼の話を聞こう！

レッスン61 男性は放っておかれることに愛情を感じる

男性は元気になれば、女性に連絡をしてきます。

そっけなくされたり「今、忙しくて」と言われたりしても、深く考えないこと。「おこもりモードだな」と思って、放っておくのがいちばんです。

ご自愛タイムに没頭していれば、そのうち必ず彼から連絡がきます。しかも、前よりあなたへの愛情が増した状態で。

面白いことに男性は、「放っておいてくれる」女性に感謝にも似た愛情を抱きます。

男性は女性の機嫌をいつも気にしています。

その幸・不幸をすべて背負おうとする男性にしてみれば、自分がこもっている間も「幸せそう」に待ってくれている女性は、女神のような存在。

「俺のことをわかってくれている」と、その女性を大切に思うようになります。

女性からしてみれば、自分のことをしていただけなのに不思議な感じがするかもしれませんね。

でも、そういうものなのです。

男女の愛情の示し方の違いかもしれません。

女性は母性本能からか「心配する」「かまう」のが愛情とばかりに、何でもしてあげたくなります。自分がそうされることも好きです。


一方、男性は女性を喜ばせることが、愛情表現と思っています。女性が自分に何かしてくれることをありがたくは思っても、それが愛情には変わりません。

そんな男性が、唯一女性からされて嬉しいのが、放っておかれること。

彼女が自分を理解してくれているから、「放っておいてくれる」と受け取るのです。

男性は自分の頑張りを認め、受け取ってくれる女性が好きです。

頑張りと表裏一体にあるおこもりモードも、認めてほしいのです。

RULE
いっそ既読スルーするくらいの気持ちで。

レッスン62 報告させない

女子会では、まずお互いの近況を報告し合うことが多いですよね。

その習慣からでしょうか、男性に対しても同じことをしそうになります。


「今日はどうだった?」

「無事に着いた?」

「予定あるって言っていたけどその後はどうするの?」


律儀な男性だと、「〜だったよ」「無事着いたよ」「友達とご飯に行く約束をしている」などと返信してくれるかもしれません。

でもそれが何度も続くと、うんざりしてくるはずです。

なぜなら、お母さんが小学生の息子に声をかけているみたいでしょう?

マミースタイルになっているつもりは女性にはなくても、男性からすれば〝ママ〟そのものです。

男性が「報告させられている」「問い詰められている」と感じるようなＬＩＮＥは送らないようにしましょう。

「無事に着いた？」なんて、男性から言ってもらうことであって、女性から聞くことではありませんよ。

心配してみせなくても、可哀想がってみせなくても、根掘り葉掘り聞いてあげなくても、あなたの優しさはきちんと彼に伝わります。

あなたが自分を大切に、優しく扱っていれば、男性からは「優しい女性」と映るのです。男性を問い詰めるのは厳禁です。

逃げてしまいますよ。

RULE

女友達同士では当たり前だけど、恋愛ではご法度！

レッスン63 アタックは男性に打たせる

男性は自分で決めたい生き物です。

恋愛も「自分の意思で」進めたいのです。

彼とデートをしたい時も、「彼が決めた」形にすることが大切です。

お互いにまた会うつもりはあっても、まだそこまで彼が積極的ではない時。

もちろんあなたから誘ってもよいのですが、そのお誘いは〝トス〟にとどめておきましょう。

まず、「彼の予定」を聞きます。彼から日程がLINEされてきたら、あなたのスケジュールとあわせて「この日にしよ〜♪」と伝えておきます。

ここまでです。これ以上は、あなたは何もしなくてOKです。

前日あたり、彼から「どこに行く？　何食べる？」とLINEがくるはずです。

彼に「気にしてもらうこと」＝「アタックを打たせること」に成功したわけです！

この時点で彼は、「自分の意思で」あなたとのデートを進めています。

デートが実現しそうで、そわそわドキドキする気持ちはわかります。

でも、彼からすぐにレストランの提案がないことや毎日ＬＩＮＥが来ないことを、気にしてはなりません。

まだ、彼があなたと同じテンションかはわからないのですから。

ここで「?・」を使ってデートの詳細を固めようとしたり、毎日ＬＩＮＥを送ったりすると、「重い」と思われること必至です。

女性は「トス」を上げるだけ、「アタック」は男性に打たせてあげてくださいね。

RULE
予定の1時間前までのLINEは許容範囲くらいで。

Part 3 実践・応用編

ブラックメールを書かない女になる♪

スマホに同化してはいけない。

LINEに同化してはいけない。

使いこなせば、

恋愛の強力な武器になる。

絶対愛されたいなら、直すべきはココ♪

いよいよＰａｒｔ３までやってきました。

ここまで読んでくれたあなたは、もう恋愛＆ＬＩＮＥマスターになった気分かもしれませんね。

Ｐａｒｔ３では、ここまでお伝えしてきたＮＧポイントが満載のブラックメールの実例を５つ紹介していきます。

ＮＧ例その１：「面白くない女」２回目のデートに誘われる「可愛い女」になろう

ＮＧ例その２：「わからない女」「悪いよ〜、悪いよ〜」は卒業しよう

ＮＧ例その３：「話を聞かない女」相手から「いつ会える？」と聞かれる女になろう

ＮＧ例その４：「一人遊びをする女」リアルのコミュニケーションをきちんと取ろう

ＮＧ例その５：「破滅的に重い女」気持ちの確認は会っている時にしよう

実際のLINEでのやりとりを眺めているつもりで読み進めながら、どこがNGポイントなのかを考えてみてください。

どのように書き直せばいいかまで、イメージできればもっといいですね♪

実例の後には、僕が解説を加えています。

あなたが想像したNGポイントと、僕の指摘が一致しているか、答え合わせをしてみてください。

5つそれぞれのケースの最後には、「改善チェックリスト」も用意していますので、あなたが彼にLINEを送る時のチェックにも活用してみてください。

Part2までしっかり読んでくださったあなたなら、ブラックメールがなぜブラックメールと呼ばれてしまうのか、すぐにピンとくるはずです。

ここまでのおさらいのつもりで、時には笑い、時には自分の胸に手をあてながら、楽しんで読んでください。

NG例その❶「面白くない女」

2回目のデートに誘われる「可愛い女」になろう

〇〇さん

12月1日

こんにちは。今日は寒いですね。風邪ひいていませんか？うちの職場でも風邪が流行っているので私も毎日マスクしてます。〇〇さんはどんな風邪対策されていますか？😀
ところでこの間は素敵なお店に連れて行ってくださりありがとうございました。お会いできて嬉しかったです。あの時に話していた、別の系列のお店のことですが、予約は取れそうでしょうか？聞いてみるとおっしゃっていたので・・・。
既読 20:00

聞いてみます。
既読 21:00

12月4日

聞いてくださってありがとうございます。どうでしたか？今週末であれば、土曜日も日曜日もあいています。
既読 19:00

12月6日

明日、どうなりましたか？
既読 18:00

すみません。いまちょっと仕事が忙しくて。
既読 22:00

わかりました。大変ですね。お体気をつけてくださいね。いつなら大丈夫そうですか？😊
既読 18:00

ADVICE

辛口♪アドバイス

婚活で出会った相手とのやりとりでしょうか？

最初のデートはしたようですね。男性にはデートが面白くなかったと思われます。

全体的によそよそしい雰囲気と、次のデートにこぎつけようとする強引さを感じるLINEです。

まず世間話が長すぎ。シンプルかつ会話が弾むように改善するのであれば、最初の文章は、

「こんにちは～♪
今日寒いですね～💦
最近毎日マスクです（笑）♡」

などにして、マスク姿を自撮りした画像を送るといいですよ♪ そうすると、

「寒いね～俺もマスクしようかな～

耳痛くなるから嫌なんだけどね（笑）」

「おー風邪気をつけてね😷」


……などの言葉が返ってくると思います。

このような軽い感じの呼びかけがベストです。


まずは、**可愛い自撮り画像を送ることから始めてみましょう。**


細かい点では、句読点「、（点）」や「。（マル）」を使っていることと、「ところで」と接続詞を使っているのがＮＧポイントです。

作文みたいな雰囲気ですよね？

頭で恋愛をすると、こんなＬＩＮＥを彼に送るようになります。

感覚、直感を鍛えるために、レストランやカフェに行ったら5秒でメニューを決めるトレーニングもおすすめです。

ＬＩＮＥで「すべてを伝えよう」「説明しよう」とすると、よそよそしく「面白くない女性」になってしまいます。

LINEの文章は、「喋っている感じ」をイメージして作ってみましょう。声に出して喋っても、違和感がない感じのメッセージを目指してください。

また、「?・」の数も多すぎますね。

相手の男性の行動に関する「?・」は、相手への〝疑惑のメッセージ〟として伝わりますので、極力減らしましょう。

デートの日程を、勝手に決めて迫るのもやめましょうね。

男性の2回目の返信を見る限り、これ以上何をしても、何を聞いても「無理」な状態というのが文章から伝わります。

会いたい気持ちや次につなげたい気持ちは、痛いほどわかります。

しかし、男性は先回りされたり催促されたりすることを嫌うのです。

自分が誘いたいし、自分のタイミングで誘いたいのです。

2回目のデートがない女性は「誘われないこと」にフォーカスしすぎて、「誘われること」が目的のＬＩＮＥを送ってしまいます。
そんな女性、男性からしたら面白くないですよね？
会うための必死感を捨て去って、まずは「私らしい」ＬＩＮＥを送りましょう。
デートにこぎつけるより、彼と「仲良くなる」が先ですよ。

恋愛は「二人」でするもの。
一緒に楽しむものだということを、お忘れなきように。

【改善チェックリスト】

- □ 前置きの世間話をなくして、よそよそしさを減らす
- □ 「、(点)」「。(マル)」、「ところで」を使わない
- □ 相手への「?」を減らす
- □ 会話するように文章を作る
- □ 「私らしさ」「恋愛を二人で楽しむ」という姿勢を忘れない

NG例その❷

「わからない女」
「悪いよ〜、悪いよ〜」は卒業しよう

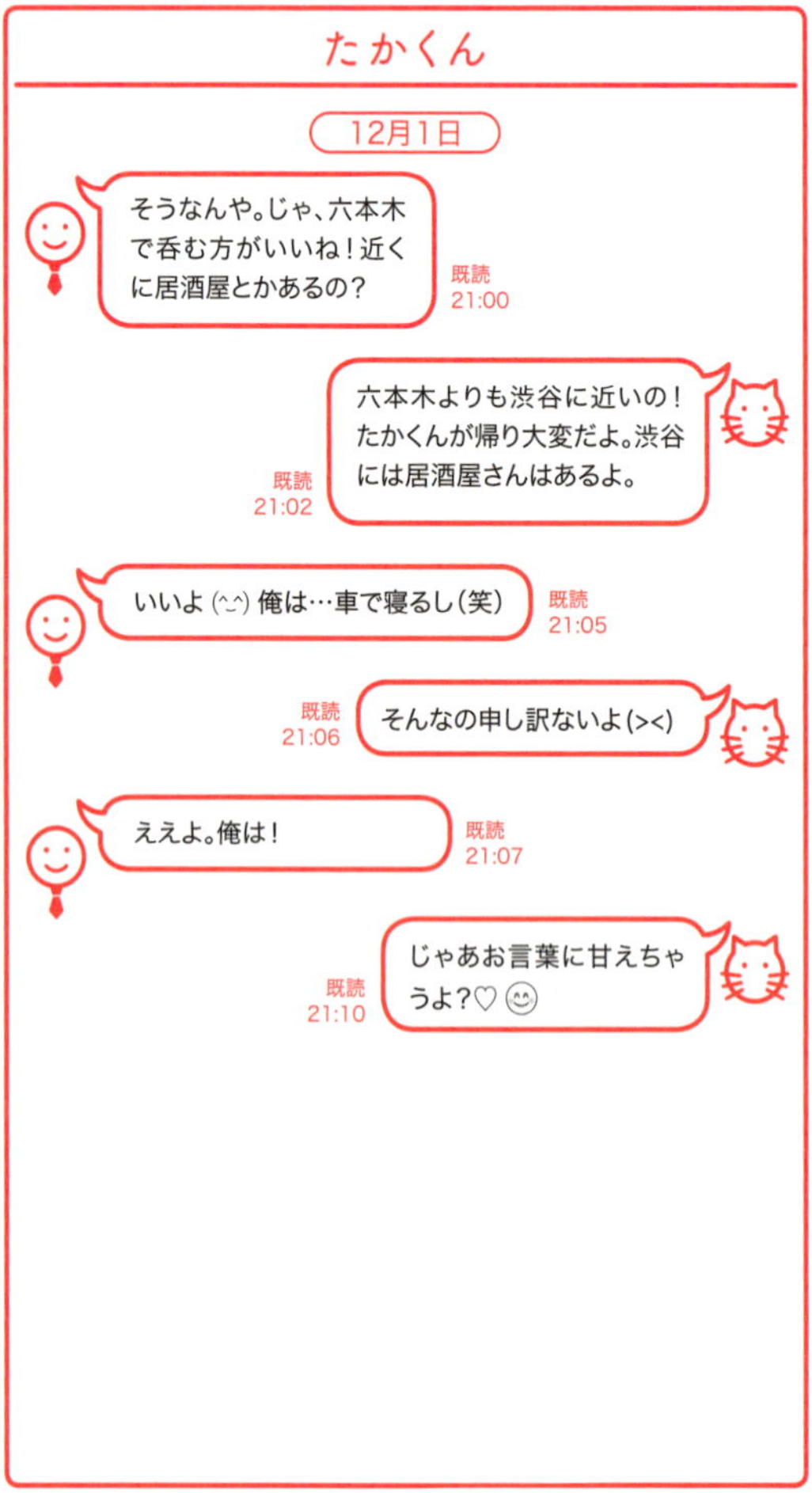
たかくん
12月1日
そうなんや。じゃ、六本木で呑む方がいいね！近くに居酒屋とかあるの？
既読 21:00
六本木よりも渋谷に近いの！たかくんが帰り大変だよ。渋谷には居酒屋さんはあるよ。
既読 21:02
いいよ (^_^) 俺は…車で寝るし（笑）
既読 21:05
そんなの申し訳ないよ (><)
既読 21:06
ええよ。俺は！
既読 21:07
じゃあお言葉に甘えちゃうよ？♡ 😊
既読 21:10

ADVICE

辛口♪アドバイス

まず、アイコン画像が猫、というところが残念ですね。

速やかに自分の顔写真に変更しましょう♪


そして、出ました、マミースタイル！

「たかくんが帰り大変だよ」との発言は、まるでママが子どもを気遣っているみたいですよね。

男性からすれば「バカにしているの？」という気持ちになりやすいので、このような文章は控えましょう。

「六本木よりも渋谷に近いの！（でも）たかくんが帰り大変だよ」という発言の流れも、男性からしたら「ん？　どういうこと？」です。

「六本木にしたらいいの？　渋谷にしたらいいの？　どっち？」となってしまうからです。

男性は「結局、俺、どうしたらいいわけ?」と思わせてくる女性を面倒に感じ、結果、避けるようになります。

「この子はどうしたら幸せになるのか?」が〝わからない〟女性が苦手なのです。

なぜなら、**女性の役に立つ方法がわからなければ、ヒーローになれませんから!**

だから、LINEで男性が提案してくれたり気遣ってくれたりしたことに対しては、素直に「ありがとう♡」と受け取るのがいちばんです。

にもかかわらず、この例では、

「悪いよ、悪いよ、悪いよ……」

と、美徳でもなんでもない過剰な遠慮という重さをかぶせてきた挙句、最終的には、

「お言葉に甘えちゃうよ?😊♡」

ダチョウ倶楽部か!(笑)と、思わずツッコみたくなってしまいます。男性からす

ると若干「キモい」と感じるかもしれません。引かれてしまいます。

「いいよ(^_^)俺は…車で寝るし（笑）」

に対しても、申し訳なさを伝える返信はやめましょう。

「すごっ（笑）」
「それは楽しそうだね～（笑）」
「私も泊まろうかな～♡」

……などのような、軽いノリで返してあげてください。

せっかく男性が冗談を言ったのに、「スべった」雰囲気になってしまいますから。
好きな男性に対して、申し訳なさや遠慮は必要ありません。
女性の遠慮の言葉を額面通りに受け取って、「じゃあ、やめとく？　そんなに嫌なら……」

となってしまうので要注意です。

遠慮がちで優しい女性に多いパターンですが、「悪いよ～、悪いよ～」は、卒業していきましょうね！

[改善チェックリスト]

- □ アイコンを自分の顔に変える
- □ 男性を子ども扱いする発言をやめる
- □ 「悪いよ～」を何度もかぶせない
- □ 提案や好意は素直に受け取る
- □ 男性の冗談にはノッてあげる

NG例その❸

「話を聞かない女」

相手から「いつ会える？」と聞かれる女になろう

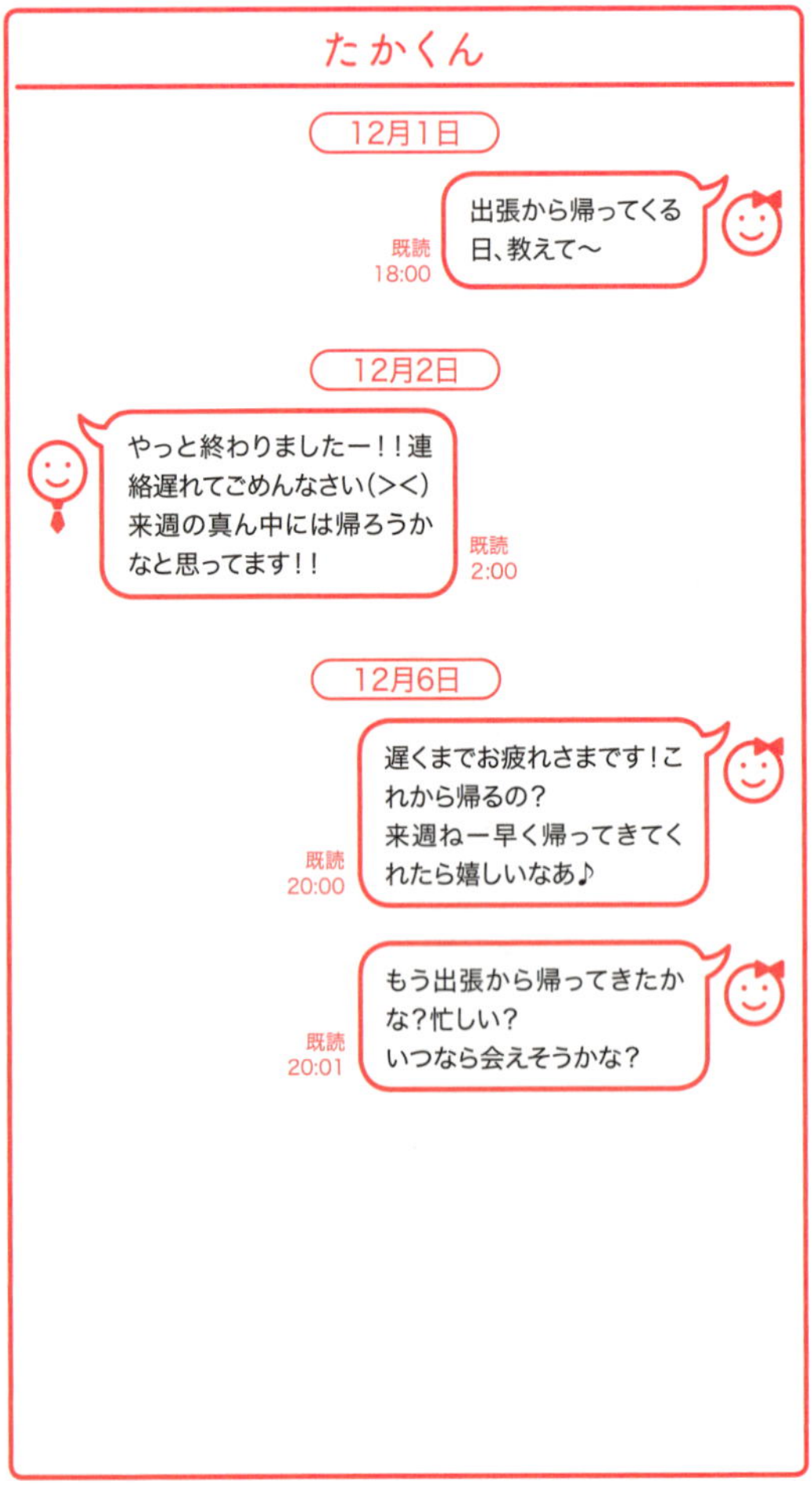

ADVICE
辛口♪アドバイス

一言でいうと、とにかくまあ「うるさい」と思われちゃう文面ですよね（笑）。

この重さに、男性は怖さを感じてしまいますよ♪

まず、やめてほしいのは「?」の多用です。

「いつ?」「いつ?」と迫っていますが、「来週の真ん中には帰ろうかなと思ってます」

と書いてありますよ。

ちゃんと読みましょうね（笑）。


もう一点、とても気になったことがあります。

「距離感」です。おそらくこのやりとりを見る限り、付き合っていない相手ですよね。

それなのに、なんだか「距離感」がおかしいのです。

相手の男性はまだ「好意」をまったく示していません。

「（あなたに）会いたい」とも、「連絡が来て嬉しい」感じも、男性の発言からまったく感じられませんよね？

しかし、この女性は「嬉しいなぁ♪」と感情をかぶせてしまっています。

もし、まったくその気がない男性から同じようなＬＩＮＥが送られてきたら、あなたはどう感じますか？　ぞっとしませんか？（笑）

基本的に男性は、自分が「会いたい」と思った女性に〝好意〟を感じます。

自分が「空いている？」と聞きたくなる女性に〝興味〟を持つのです。

だから「いつなら空いている？」と聞いてこない女性が好きです。

この場合、「来週の真ん中には帰ろうかなと思ってます」と返事がきているので、そこから具体的に「会おうとすること」、「いつなら空いている？」、「相手が自分をどう思っているのか？」などは、男性に気にさせるべきです。

彼からの返信に対しては、

「そっか～♪　おつかれさま～🎀」

でいいのです。

自分で予定を聞いたとしても、具体的なところまで突っ込まないことが大切です。

もしどうしても誘いたいなら、

「来週の週末飲みに行こう♪」

「来週の週末お茶しよ〜♪」

などの「言い切って♪（るん）」を使ってくださいね。

彼からの返信を待つ間、どうしても何か送りたくなったとしたら、「会おう」「いつなら空いている？」「私のことをどう思っている？」以外の文面にしましょうね。

他に送ることがないのなら、無理はしないこと。

あなたが無理やり言葉を紡がなければ進まず、下手をすれば終わってしまうような関係は、そもそもうまくいきません。

溺愛してくれる彼を作りたければ、LINEで「いつ会える?」「いつなら空いている?」と自分から聞かない女になることです。

相手の意思や「愛している」を引き出すことも大切。

「いつ会える?」と聞く女でなく、「いつ会える?」と聞かれる女になりましょう。

〔改善チェックリスト〕

- □ 彼の返信の内容をちゃんと読む
- □ 具体的な約束を自分で取り付けようとしない
- □ 「?」を使わず、「言い切って♪（るん）」で文章を作る
- □ 相手の感情が見えない時に「嬉しいなぁ」と感情を入れない

NG例その❹「一人遊びをする女」

リアルのコミュニケーションをきちんと取ろう

○○くん♡

12月1日

お疲れさま (´ω`)。
そうやんね、何考えてるか
分からんもんね。
話す時間作るよ

既読
21:00

○○くんのこと責めてるわけじゃないから誤解はしないでね。
会って話したいな。

既読
22:00

12月2日

やっぱり早く会いたいし話した〜い
もう一人じゃ無理

既読
20:00

12月3日

昨日は寂しくなりすぎて責めるようなこと送っちゃってごめんなさい(><)
話す時間作るって言ってくれてありがと〜。

既読
08:00

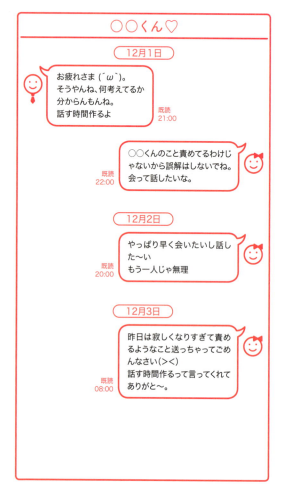

ADVICE
辛口♪アドバイス

う〜ん、ツッコミどころ満載のLINEですね（笑）。
とりあえず彼氏（？）さんに「ご苦労様です」と僕は伝えたい。
まずは、このLINEを読んだ彼がどう思うかを解説していきましょう。
もちろん彼に聞いたわけではなく、僕が彼だとしたらという想像です。

彼　「話す時間作るよ」
女性「〇〇くんのこと責めてるわけじゃないから誤解はしないでね」
　↓
彼の心の声（ん？　どういうこと？　責めているわけではないのなら、どうしてそういうことを言ってきたんだ？）

女性「会って話したいな♪」
←
彼の心の声（いや、「時間作るよ」って言ってるじゃん）
女性「やっぱり早く会いたいしはなしたーいもう一人じゃ無理」
←
彼の心の声（だからちょっと待ってて）
女性「昨日は寂しくなりすぎて急かすようなこと送っちゃってごめんね」
←
彼の心の声（なんじゃそりゃ！）
女性「話す時間作るって言ってくれて安心したありがと」
←
彼の心の声（嘘つけ～！　面倒くさい女だな！）

このLINEのやりとりですが、彼が「話す時間作るよ」と言ってくれた時に、「ありがとう♪」とだけを送ればよかったのです。

「寂しいと相手にわかってほしい」という気持ちはよくわかります。それは、彼が実際に時間を作ってくれた時に伝えればよいのです。

実際に会ってもいないのに、一人で寂しくなって、一人で凹んで、一人で苦しんで、一人でぐるぐるして、一人で悩んで、一人で完結（笑）。

こういうのが〝恋の一人遊び〟です。

女性の多くが無意識にやってしまう「恋愛の失敗パターン」の一つです。

彼がこの女性と会う気が失せるのが、よくわかります。

そもそも、すべてをLINEで「伝えよう」「わかってもらおう」とするのをやめてください。

そして、寂しさと仲良くなりましょう。

あなたの〝寂しさ〟や〝不安〟を、好きになった男性になすりつけるのはやめましょう。

妄想と悪夢の中、一人で恋愛するのではなく、リアルの男性とちゃんとコミュニケーションを取りましょうね。

それは、悪夢でうなされる自分を〝許していくこと〟でもあります。

恋の一人遊びをやめるのは、悪夢から目覚めること。

早く目を覚ましてくださいね。

［改善チェックリスト］

- □ 返事を送りすぎない
- □ ちゃんと待つ
- □ 寂しさや不安を相手に押し付けようとしない
- □ 一人で完結しない

NG例その5

「破滅的に重い女」

気持ちの確認は会っている時にしよう

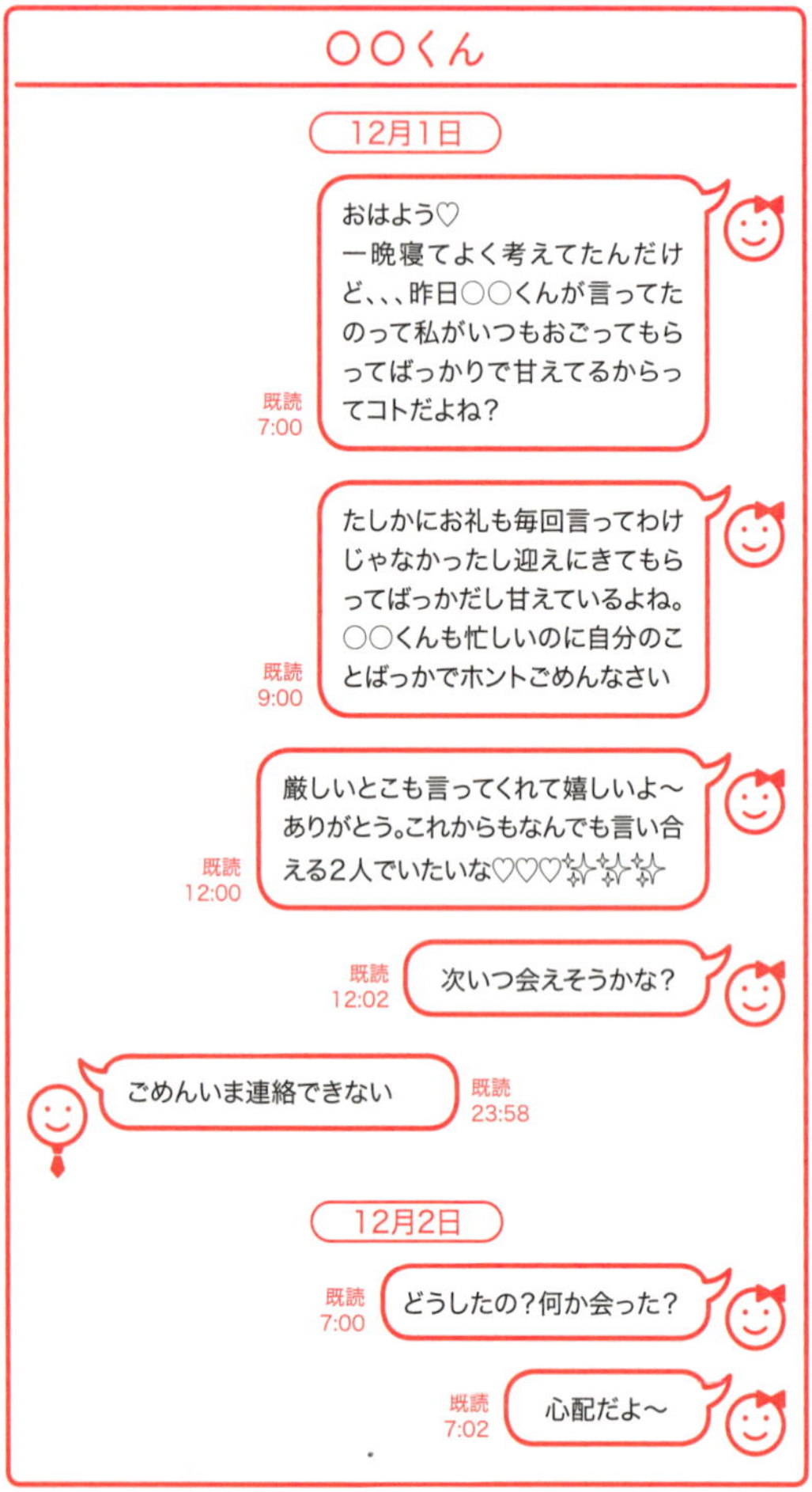

ADVICE
辛口♪アドバイス

この二人の間には、いったい何があったのでしょう。

なんだか終わってしまっているようなLINEです。

何があったのかはわかりませんが、LINEで男性に「悪いよ感」「反省感」で迫るのはよしましょう。

それだけで、一気に重くなります。

LINE上で、一人で申し訳なくなっても、「悪いと思っている風」「反省している風」にしか伝わりません。

何か謝ることがあるのなら、「昨日はごめんね」だけでじゅうぶんです。

文面から察する限り、男性の話をまったく聞かず、いつも自分のことばかり押し付けがちな女性なのではないでしょうか。

男性からすれば、そんな女性は「重い」のです。

男性の話を聞かず、愛情を受け取らず、一人で「好き好き」言うだけだからです。
ひとしきり一人で反省した後、急に

「これからもなんでも言い合える2人でいたいな♡♡♡✨✨✨」

絵文字が多すぎです（笑）。
一人で盛り上がっている感が痛いです。

きっと男性の気持ちが見えず、不安なのでしょう。
好かれているかわからず、不安なのでしょう。
でもＬＩＮＥで〝確認〟すると、おかしくなります。
心の中では、「私のこと好きじゃないのかも……」と思っているのですよね。
それを確認しようとすれば、思った通りの対応をされてしまいます。

「彼はどうやら、私のことを好きじゃないようだ」

それだけです。不安は自分の中に取り込むしかありません。確認という形で、相手に押し付けるのはやめましょう。

LINEで気持ちを確認しようとするのは、男性が離れる原因になります。

「ごめんいま連絡できない」と、彼からLINEが送られてきています。別れようとしているのか、本当に手が離せないのかはわかりませんが、今の状況で女性にできることは一つしかありません。

「放っておく」ことです。

男性にはこもる時間が必要です。

女性の相手をしている余裕がない時もあるのです。

おこもりタイムを邪魔しないことは、男性から溺愛される女性になるために重要なポイントです。

「大丈夫?」「心配だよ」とマミースタイルで追い討ちをかけるなんて、もってのほかですよ!(笑)

相手が自分をどう思っているかは、実際に会っている時、触れている時にしか感じられません。

不安になっている時ほど、ＬＩＮＥで気持ちの〝確認〟はしないこと。

リアルをちゃんと見つめましょうね。

それが重い女にならない、いちばんの方法です。

【改善チェックリスト】

- □「悪いよ感」「反省感」で迫らない
- □LINEで気持ちの〝確認〟をしようとしない
- □絵文字を盛りすぎない
- □「大丈夫?」「心配だよ」とマミースタイルで追わない
- □「連絡できない」と言われたら「放っておく」

これからは絶対に愛される、尽くされる、かまわれる！

5つのNG例、いかがでしたか。

「ありえない！（笑）」「これはヒドイ（笑）」と思ったでしょうか？　それとも、「身に覚えがあって笑えない……」と思いましたか？

大丈夫！　ここまで読んできたあなたなら、もうどうすればいいかわかっているはずです。


あなたが生まれてきた目的は「彼に愛されること」だけではありません。

絶対的に愛される女性は、彼「だけ」に愛されているわけではないのです。

彼「だけ」に「愛されているな～」と感じているわけではないのです。

両親、他人、友達、知り合い、はたまたまったく知らない人からも、

「私って、愛されているな〜」

と思える女性だけが、彼「からも」愛されていると感じられるのです。

自分の居場所は誰かに作ってもらうのではありません。自分で作るのです。


「そこにいていいよ」と言われたければ、自分に言ってあげましょう。

「好きなように生きていいよ」と言われたければ、自分に言ってあげましょう。

「あなたの居場所になってあげる」と言われたければ、自分に言ってあげましょう。


それを言ってあげられるあなたのそばにはもう、居場所があるはずです。

そして、何より「『私』はいつも私と一緒にいてくれた」ことにも気づくはずです。

恋愛はいつも〝人の優しさ〟を教えてくれます。

誰かの「愛している」も気づかせてくれます。「私の人生」も思い出させてくれます。

あなたが「私の人生」を生きること。

これこそ、絶対に愛されて、かまわれて、尽くされる、最高で最速の方法なのです。

“女の武器”を最大限に活かそう

「女」で生まれたこと。「私」で生まれたこと。
それを最高に嬉しく思える日が必ず来ます。
その時には、もうあなたは恋愛の悩みとは無縁の状態でいられるでしょう。

僕は、昔からなぜか女性をずっと羨ましく思っていました。
何も足さずに「満たされていて」、男から「愛される存在」で。
女性が女性であることが僕にはずっと眩しくて、憧れでした。
「女」じゃない自分が残念で、自分が「男」であることを呪ってさえいました。
今思うと、おそらく女性から「愛されたかった」のだと思います。
男であることを呪って、復讐のように女性を「愛して」いました。
だけど、そんな僕を女性は「愛して」くれなかった。

「愛されない」ことを、「男」であることを、ずっと呪い続けていたのです。

僕のように自分の「性」を呪って、「愛されない」ことを呪っている女性がいたら、こう伝えたい。

女性が女性であることが、最大の〝女の武器〟です。


あなたの中の「女」を呪わないで。


あなたの身体も、髪も、涙も、心も、血も、思いも、すべてウェルカムしてあげよう。

「『私』で生まれて『損』な気がする」ことさえも、ウェルカムで受け入れよう。

少なくとも僕は、あなたが「女」で生まれたことがとても羨ましく、眩しい。

自分をいちばん愛する人は「自分」でいてください。

彼と一緒にいる「自分」を大好きですか？　笑っていますか？　幸せですか？

彼と一緒にいる「自分」を可愛いと思えたら、〝女の武器〟を最大限に活かせている証拠です♪

LINE美人よ、こんにちは

LINE下手から卒業する方法は一つです。
LINEで「うまくやろうとする」のを止めること。
恋愛でのLINEのやりとりが苦手な人は、単にLINEが下手なのではありません。
恋愛での「リアルのコミュニケーション」が苦手なのです。
言い換えれば、相手と向き合っている時の「自分の扱い」が下手なのです。
「私のLINE、まずいかも」と思って、きっと本書を読んでくれたのですよね。
でも実は、問題の本質はそこにはありません。
あなたがLINEで、「うまくやろう」としているのはただの幻想。
LINEがうまくなればその恋愛もうまくいくなんて、幻想です。

あなたの魅力は「ＬＩＮＥ」でなく「リアル」にあることを思い出しましょう。
あなたが「あなたらしく」あることが、いちばんの武器です。
ＬＩＮＥは、あなたの魅力を引き出すために使うのです。
相手との距離を縮める連絡ツールとして使うのです。
本書は、そのためのちょっとしたテクニック集に過ぎません。
あなたの思いをＬＩＮＥですべて伝えたり、説明したりしなくてよいのです。
ＬＩＮＥで相手の気持ちや愛情を確かめなくてよいのです。
ＬＩＮＥで「うまくやろう」としなくていいのです。
もっと気軽に、もっとリラックスして、ゆるーくＬＩＮＥを「使う」こと。
それができれば、あなたはあっというまにＬＩＮＥ美人です。

おわりに

LINE美人になる覚悟はできましたか？

本書でLINEの使い方を通じていろいろなことを書いてきたのは、スタートラインにすら立てない恋愛を終わらせてほしかったからです。

恋愛はバーチャルではなくリアルで勝負するもの。

リアルのあなたの魅力を引き出すために、本書のLINE術を「使って」みてください。

大好きな彼から自然と愛される方法をつめこみましたので、もう何も怖くはありません。

既読スルーを気にすることはありませんし、不安に陥る必要もありません。

リアルの男性とつながる機会が増えていけば、いつかきっと気づくと思います。

「もう、LINEは必要ない」

本質的な意味でそう思えるようになった頃には、これまでＬＩＮＥで悩んできた分だけ、リアルな幸せが訪れていることにも気づくでしょう。

いろいろなことをアドバイスしてきておいて何ですが（笑）、僕は、「恋愛もＬＩＮＥも、好きなように適当にしたらいいんだよ〜」と思っています。

「うまくいく」「うまくいかない」にとらわれず、自分の人生に恋におちてほしい。

あなたがきちんと「自分の人生」を始められたら、そこが幸せな恋愛のスタート。

自分の人生に恋に落ちれば、あとはもう、何とでもなります♪


「あ〜、『私』でよかった」

「あ〜、『私』がよかった」

「私は『私』が大好き♡」


そう思うのと、彼に対して「あなたのことが大好き♡」は、実は同じなのですよ♪

これからの時代、恋愛の「成功法則」はみんなそれぞれ。

人が言っていることや、いわゆる「うまくいく方法」だけがすべてではない。

それよりも、それを見た時、聞いた時の気持ち、好きな人に勇気を出して話しかけてみた時、男性に触れた時。その時に感じるものを大切にしてみましょう。

あなたが幸せなら何でもいいのです♪

ここまで読んでくれたあなたもそうです。

あなたは何を感じていますか？


好きなように恋愛しよう♪

好きなようにＬＩＮＥしてみよう♪

「そうしよう」と決めよう♪

そこから、あなたらしい恋愛が始まります。


声をあげて、嫌だと言おう。にっこり笑って、好きだと言おう。

ドキドキしながら、体験しよう。

あなたが本当に大好きな人と恋愛できることを祈っています。

広中裕介

広中裕介（ひろなか ゆうすけ）

恋愛の学校Love.t.Academy 代表。

1980年生まれ。女友達の恋愛相談にのっているなかで、独自の恋愛観から悩みの核心をつくアドバイスが好評をはくし、口コミを中心に支持を受け、恋愛の学校Love.t.Academyを設立。

恋愛に悩む女性を主な対象に、恋愛での考えを通して、自分の生きかたを見つめなおせる場として、講座・セミナーを全国で展開中。

著書に『既読スルーされた数だけ幸せになれる』（KADOKAWA）がある。


大好《だいす》きな彼《かれ》に絶対愛《ぜったいあい》される！ 掟《おきて》やぶりのLINE術《じゅつ》

2018年2月16日　初版発行

著者／広中《ひろなか》 裕介《ゆうすけ》

発行者／川金 正法

発行／株式会社KADOKAWA
〒102-8177　東京都千代田区富士見2-13-3
電話 0570-002-301（ナビダイヤル）

印刷所／図書印刷株式会社

KADOKAWAカスタマーサポート
［電話］0570-002-301（土日祝日を除く11時～17時）
［WEB］http://www.kadokawa.co.jp/（「お問い合わせ」へお進みください）
※製造不良品につきましては上記窓口にて承ります。
※記述・収録内容を超えるご質問にはお答えできない場合があります。
※サポートは日本国内に限らせていただきます。

定価はカバーに表示してあります。

ISBN 978-4-04-602256-1　C0076